Jean-Claude Lan...

Professeur des écoles

Français

Exercices de base

Vocabulaire
Orthographe
Grammaire
Conjugaison

CE1

7/8 Ans

HATIER

Présentation

Ce cahier aide l'enfant à consolider ses bases et à s'évaluer en français.
Car il ne suffit pas d'apprendre ses leçons : il faut pratiquer et s'entraîner.

- Chaque unité comporte quatre pages : une de Vocabulaire, une d'Orthographe, une de Grammaire et une de Conjugaison.
- Sur chaque page, de une à trois notions sont traitées.
- Les exercices reprennent de manière systématique toutes les notions abordées en classe de CE1.
- Ils assurent ainsi, par une mise en application répétée de la règle, une parfaite acquisition des connaissances et des savoir-faire attendus.

 Pour chaque groupe d'exercices, la règle est rappelée et accompagnée d'exemples résolus.

 Chacun des exercices reprend méthodiquement la ou les notions-clé abordée(s) dans la page de manière à optimiser l'assimilation des connaissances.

 Les corrigés permettent la vérification des acquis et l'évaluation des résultats, par l'enfant seul ou aidé d'un adulte.

 Au bas de chaque page figure un emplacement où l'enfant pourra entourer l'une des trois chouettes selon qu'il jugera avoir très bien, moyennement ou pas réussi.

Sur la dernière page, l'enfant trouvera un Mémo avec les conjugaisons des verbes qu'il doit impérativement connaître.

Des cahiers pour :
s'entraîner
fixer ses connaissances
travailler à son rythme
être prêt pour l'année suivante !

Édition : Anne Thomas-Belli
Conception : Frédéric Jely
Mise en page :
Atelier JMH (Éric Schiller)
Dessins :
Gwen/Trait de plume
Karen Laborie
Couverture :
Repères
Chouettes :
Guillaume Trannoy

© HATIER PARIS 2006 - ISBN 2-218-92081-6

Sommaire

Unité	Vocabulaire	Orthographe	Grammaire	Conjugaison
1	Des syllabes et des mots p. 4	Comment couper les mots p. 5	Des mots et des phrases p. 6	Le verbe dans la phrase p. 7
2	Des ensembles de mots p. 8	Les sons « è » et « é » p. 9	La phrase • La ponctuation (1) p. 10	Le passé, le présent et le futur p. 11
3	Des mots indiquant le temps et la durée p. 12	Les sons « in » et « an » p. 13	Les phrases affirmatives et négatives p. 14	Les personnes et les pronoms p. 15
4	Une carte d'identité p. 16	Le son « o » • m devant m, b, et p p. 17	La phrase interrogative p. 18	L'infinitif des verbes p. 19
5	Le visage p. 20	Les sons « j » et « g » p. 21	La phrase exclamative p. 22	Les verbes en -er au présent (il, elle/ils, elles) p. 23
6	Le corps humain p. 24	Les sons « s » et « k » p. 25	Les groupes de la phrase p. 26	Les verbes en -er au présent (je, tu, nous, vous) p. 27
7	Les vêtements p. 28	Le son « u » • s ou ss p. 29	Le nom • Le groupe nominal p. 30	Le verbe avoir au présent p. 31
8	La famille p. 32	Les accents • a et à p. 33	L'adjectif qualificatif p. 34	Le verte être au présent p. 35
9	La maison p. 36	ce, cet, cette, ces • ce et se p. 37	Le masculin et le féminin p. 38	Le verbe aller au présent p. 39
10	L'alimentation p. 40	son, sa, ses • son et sont • ses et ces p. 41	Le singulier et le pluriel p. 42	Les verbes en -er au futur p. 43
11	Les animaux p. 44	Le féminin des noms p. 45	L'accord du sujet et du verbe (1) p. 46	Les verbes avoir et être au futur p. 47
12	Les fleurs et les plantes p. 48	Le féminin des adjectifs p. 49	L'accord du sujet et du verbe (2) p. 50	Le verbe aller au futur p. 51
13	Les villes et les villages p. 52	Le pluriel des noms p. 53	La ponctuation (2) p. 54	Les verbes en -er au passé composé p. 55
14	Les métiers p. 56	L'accord de l'adjectif et du nom p. 57	Le groupe complément (1) p. 58	Les verbes avoir et être au passé composé p. 59
15	Les transports p. 60	et ou est • on ou ont p. 61	Le groupe complément (2) p. 62	Le verbe aller au passé composé p. 63

Mémo en dernière page.

Des syllabes et des mots

> Les mots sont composés de **syllabes** :
>
> **trou** a 1 syllabe | **mé/chant** en a 2
> **ma/ga/sin** en a 3

1 ***Sépare les mots en syllabes en plaçant des traits.***
- marchand - camembert - caramel - jouet - carnet - parapluie - chocolat
- lapin - balai - cousin

2 ***Même consigne.***
- raisin - épais - jamais - araignée - cadeau - pourquoi - beaucoup - départ
- canard - moment

3 ***Retrouve les mots à partir des groupes de syllabes en désordre.***

pi/gnon/champ :	bi/ro/net : ....

vi/tion/ta/in :	gnon/com/pa : ....

rec/di/teur :	leur/co/bri : ....

vi/de/nette :	cu/tion/cir/la : ....

4 ***Complète les mots en utilisant les syllabes suivantes :***
té, gueur, jon, fler, du.

- bon .... - don .... - fon .... - gon .... - lon ....

ter, tue, meur, der, beau.

- tor .... - por .... - bor .... - cor .... - dor ....

tor, mi, char, mai, gar.

- ....son - ....çon - ....gnon - ....chon - ....bon

pi, ga, mé, vo, mar.

- ....chant - ....chand - ....gnant - ....quant - ....lant

5 ***Complète la syllabe*** « cha » ***avec les syllabes suivantes :***
leur, meau, grin, ton, peau.

- Quand je suis triste : le cha................	- En été : la cha................

- Il a deux bosses : le cha................	- On le met sur la tête : le cha................

- C'est un jeune chat : le cha................

Orthographe

Comment couper les mots

- À la fin d'une ligne, on ne peut pas couper le mot n'importe comment ; il faut le couper entre **deux syllabes** :

  | pré-caution | *ou* | précau-tion |

- Les mots **d'une seule syllabe ne peuvent pas être coupés**.
- Les mots qui ont **une double consonne doivent être coupés entre les deux consonnes** :

  | Indien-ne |

1 *Entoure les mots que tu ne peux pas couper.*

chambre, lumière, jour, soleil, eau, son, rire, bien, maman, figue.

2 *Même consigne.*

longtemps, Marie, regarde, grand, renard, ours, casquette, froid, léger, animal.

3 *Entoure les mots que tu peux couper à deux endroits différents.*

demander, rouge, dernière, porc, gros, recouvre, or, hôpital, besoin, petit.

4 *Trouve deux façons de couper les mots.*

entendre → en-tendre ou enten-dre

- quatrième : .... ou ....
- continuer : .... ou ....
- chuchoter : .... ou ....
- énorme : .... ou ....
- quantité : .... ou ....

5 *Coupe les mots à l'endroit des doubles consonnes.*

- attraper : ....
- oreiller : ....
- supplier : ....
- chantonner : ....

- apprendre : ....
- syllabe : ....
- tranquille : ....
- chauffeur : ....

Grammaire

Des mots et des phrases

 Dans une phrase, l'**ordre des mots** est **important** ;
la phrase doit avoir **un sens**. Le chat dort sur le tapis.

1 *Souligne les suites de mots qui sont des phrases.*

● Mémé apporte une tarte. ● tourne moto route la ● Je bois un verre de lait.
● baleine patine les disques ● ciseaux chante rossignol ● Le menuisier répare la porte.

2 *Remets les suites de mots dans l'ordre pour faire des phrases.*

● ramasse Je coquillage un : ....

● Le colère est en chien : ....

● voiture répare sa Papa : ....

● mange son Paul fromage : ....

3 *Relie les mots pour faire trois phrases.*

La fumée	pond	sur la route.
La voiture	s'échappe	un œuf.
La poule	roule	de la cheminée.

4 *Écris deux phrases en utilisant les mots suivants :*
chat, le, attrape, la, poissons, souris, les, nagent, une, dans, mer.

● ....

● ....

5 *Ajoute des mots pour faire des phrases.*

● .... se promènent dans les ....

● .... mange .... pomme.

● .... répare la ....

Conjugaison

Le verbe dans la phrase

> Les **mots soulignés** indiquent **ce que fait chacun des personnages**.
> Ce sont les verbes : jouer, regarder, acheter.
>
> > Mathieu **joue** du piano. Mélanie **regarde** un livre.
> > Maman **achète** des légumes.
>
> On peut conjuguer un verbe :
>
> > je regarde, tu regardes, il regarde,
> > nous regardons, vous regardez, ils regardent

1 **Souligne les verbes des phrases.**

● L'équipe marque un but. ● Carole écrit sur son cahier. ● Nous apprenons une poésie.
● Les feuilles poussent au printemps. ● Un oiseau s'envole dans le ciel.

2 **Même consigne.**

● Nos amis sonnent à la porte. ● L'aspirateur fait beaucoup de bruit. ● Nous allons
à la piscine. ● Mistigri grimpe dans l'arbre. ● La poule picore le grain.

3 **Entoure les verbes.**

pain, salade, manger, table, gentil, parler, bille, poisson, grand, écrire,
boire, lunettes, quand, partir, stylo, tricot, cacher, sentir, armoire, méchant.

4 **Complète les phrases avec les verbes suivants :**
mange, traversent, nage, la, fleurissent, lance.

● Les tulipes .... dans le jardin.

● Paul .... le ballon à ses camarades.

● Les piétons .... la rue au feu rouge.

● Je .... le gâteau que maman a préparé.

● Le cygne blanc .... sur le lac.

5 **Remplace les verbes entre parenthèses par un autre verbe.**

● Gérard (**boit**) .... sa tasse de chocolat. ● Marie (**essaie**) ....
une robe neuve. ● Il (**prend**) .... son cahier. ● Les enfants (**jouent**)
.... dans la cour. ● Le singe (**épluche**) .... une banane.

Vocabulaire

Des ensembles de mots

On peut **regrouper** des mots qui parlent **de la même chose**.

FLEURS → tulipe, rose, violette, muguet…

POISSONS → saumon, sardine, thon, truite…

1 **Regroupe en trois ensembles les mots suivants :**

un crayon, un avion, la confiture, une orange, un feutre, une mouche, une tarte, un stylo, un pigeon, un radis, une craie, un hélicoptère.

ce qui se mange	ce qui vole	ce qui écrit

2 **Donne un nom à chaque liste :** *marchands*, *animaux*, *meubles*, *habits*.

une veste	une armoire	un lion	un épicier
une jupe	une table	un chat	un boucher
une chemise	un buffet	un tigre	une boulangère

3 **Barre l'intrus dans chacun des ensembles.**

- un poireau, une carotte, un haricot, une rose, une pomme de terre.
- un maçon, un menuisier, un peintre, une capuche, un ingénieur.
- un chêne, un sapin, une tomate, un pommier, un cerisier.
- une fourchette, une cuillère, une assiette, un couteau, un chapeau.

4 **Complète les ensembles par des mots de ton choix.**

un piano	un pavillon	un canard	du fer
un violon	une villa	une volaille	du cuivre
une trompette	un immeuble	un coq	du plomb

Orthographe

Les sons « é » et « è »

Le son « **é** » s'écrit : **é** un éléphant , **ée** la cheminée ,
er manger , **ez** le nez …

1 **Souligne le son « é » dans les mots.**

un pré, un vélo, acheté, avalé, une bouée, une année, réparé, la liberté, une épée,
une poupée, une écharpe, une épine, Rémi, la purée, une écaille, l'école, écrit,
habitué, éclair, oublié.

2 **Complète par *é*, *ée*, *er* ou *ez*.**

● la bu .... ● se baign .... ● la fiert .... ● un roch .... ● ch .... ● un planch ....

● une araign .... ● ass .... ● se prome .... ● un dîn .... ● le bouch ....

● vous part .... ● le lev .... ● le cloch .... ● une qualit ....

Le son « **è** » peut s'écrire de différentes façons.

● Au milieu d'un mot : **è** une fève , **ê** une fête …

● **e** suivi d'une double consonne : belle , la cachette …

● **ai** le raisin , **ei** la reine …

● À la fin d'un mot : **et** un jouet , **ès** après , **ais** mais ,
ait parfait , **ai** un délai …

3 **Souligne le son « è » dans les mots.**

la neige, l'alphabet, une bête, muet, Colette, une caresse, le père, une mallette,
une miette, la tempête, un poulet, dernière, beige, tiède, une fillette, un sujet.

4 **Complète par *è*, *ê* ou *e*.**

● la rivi ....re ● une p ....che ● un rem ....de ● la t ....te ● la t ....rre ● des lun ....ttes

● une ar ....te ● un li ....vre ● la m ....re ● un él ....ve

5 **Complète par *et*, *ès*, *ai*, *ais* ou *ait*.**

● un bill .... ● un pal .... ● le progr .... ● aupr .... ● le poign .... ● un carn ....

● un cach .... ● mauv .... ● franç .... ● un siffl .... ● un rab .... ● ép ....

● un bienf .... ● un bal .... ● un ge ....

Grammaire

La phrase · La ponctuation (1)

> La phrase est une **suite de mots** plus ou moins longue.

1 *Indique entre parenthèses le nombre de mots de chaque phrase.*

Il réfléchit (......). Paul coupe une tulipe rouge (......). Michel rencontre Daniel (......).
Elle dort (......). Les étiquettes sont bleues (......).

2 *Lis ce texte et indique à la fin combien tu as trouvé de phrases.*

J'ai dessiné un oiseau. J'ai dessiné une cage. L'oiseau n'en a pas voulu. Alors je l'ai
relâché dans le ciel bleuté. (Nombre de phrases : ......)

3 *Ajoute des mots pour faire des phrases.*

- Noémie a pris ....
- Tu m'as demandé ....
- Elle peut ....

> Une phrase commence toujours par une **majuscule** et se termine
> toujours par un **point**. La voiture roule vite.

4 *Recopie ce texte en mettant les majuscules et les points.*

le capitaine Jonathan capture un pélican le pélican pond un œuf tout blanc il en sort
un autre pélican ce deuxième pélican pond à son tour un œuf tout blanc cela peut
durer très longtemps si l'on ne fait pas d'omelette avant

....

....

....

....

5 *Même consigne.*

il y a bien longtemps vivait une famille de loups gris elle était composée des parents
et des louveteaux la mère louve attendait de nouveaux petits pour la pleine lune

....

....

....

Conjugaison

Le passé, le présent et le futur

- **Maintenant, en ce moment,** je mange, je bois. C'est le **présent**.
- **Hier**, avant, j'ai mangé, j'ai bu. C'est le **passé**.
- **Demain, plus tard,** je mangerai, je boirai. C'est le **futur**.

1 **Classe en trois colonnes les mots ou groupes de mots suivants :**
l'autre jour, après-demain, en ce moment, autrefois, lundi prochain, aujourd'hui, il y a trois mois, dans deux jours, maintenant.

passé	présent	futur
....	....	....
....	....	....
....	....	....

2 **Indique après chaque phrase si elle est au présent, au passé ou au futur.**

- Marie partira en vacances demain. (...............................)
- Hier, nous avons eu la visite de nos cousins. (...............................)
- En ce moment, Pierre s'amuse dans la cour. (...............................)
- L'année dernière, j'étais au cours préparatoire. (...............................)

3 **Même consigne.**

- Les enfants iront voir un spectacle. (...............................)
- Je joue à la balle au prisonnier. (...............................)
- Le roi était bête et méchant. (...............................)
- Les lapins rentreront dans leur terrier. (...............................)

4 **Complète les phrases.**

- Dimanche dernier, mon frère ....
- Aujourd'hui, mon école ....
- Plus tard, je ....
- Maintenant, le ciel ....

Vocabulaire

Des mots indiquant le temps et la durée

Vocabulaire à connaître : le matin, le midi, l'après-midi, le soir ; avant-hier, hier, aujourd'hui, demain, après-demain ; une semaine : lundi, mardi, mercredi, jeudi, vendredi, samedi, dimanche.

1 **Complète la lettre de Nicolas en remplaçant les dates par les mots :** *après-midi, soir, une semaine, prochaine, hier, avant-hier, demain, après-demain.*

Jonville, mercredi 12 juillet 2005

Mon cher Rufus,

Voilà déjà (7 jours) .... que je suis en vacances. J'ai quitté la maison mercredi dernier. Cet (le 12 juillet vers 15 h) ...., nous irons pêcher des crevettes avec papa, puis (le 12 juillet à 21 h) ce ...., nous irons voir un spectacle de cirque. (le 10 juillet) ...., nous avons visité une grande ferme, c'était super ! (le 11 juillet) ...., nous avons joué à l'intérieur, car il pleuvait. (le 13 juillet) ...., j'écrirai un mot à Geoffroy qui m'a envoyé une jolie carte. (le 14 juillet) ...., nous irons voir le feu d'artifice. Comme tu le vois, je m'amuse bien et je souhaite que nous revenions l'année (en 2006) ....

Mes amitiés.   Nicolas

Pour exprimer la durée, on utilise **pendant**, **depuis**, **en**, **dans**...

2 **Complète les phrases par des mots qui expriment la durée.**

.... quand Nicolas est-il en vacances ? Je ferai du ski ....

les vacances de février. Attends-moi, je serai prêt .... dix minutes.

Nous avons bien roulé : nous avons fait le trajet .... cinq heures.

Orthographe

Les sons « in » et « an »

- Le son « in » s'écrit : **in** une pince , **ain** le bain , **ein** plein …
- Il s'écrit aussi : **im** imprimer , **aim** un daim , **en** un agenda ,
  yn un lynx , **ingt** vingt …

1 *Souligne le son « in » dans les mots.*

un boudin, soudain, un dauphin, un félin, un écrivain, un coquin, un magasin, un invité, un poulain, inquiet, installer, impoli, un pépin, un requin, un parrain, vilain, inscrire, intéressant, une teinte, une peinture.

2 *Complète par in, ain ou ein.*

- un jard .... • mal .... • un moul .... • un g .... • un chagr ....
- la m .... • un pouss .... • la t .... ture • un refr .... • un Afric ....

3 *Même consigne.*

- la c .... ture • un gr .... • une f .... te • un mat .... • mascul ....
- fémin .... • un lap .... • un terr .... • dem .... • un boud ....

Le son « **an** » s'écrit : **en** pendule , **an** danse , **em** emporter , **am** ambulance …

4 *Souligne le son « an » dans les mots.*

une chanson, entendre, comment, entourer, un gagnant, dimanche, un tambour, décembre, la jambe, ensemble, un pélican, un océan, un volcan, maman, un ouragan, une séance, se pencher, enlever, du jambon, le menton.

5 *Complète par an ou en.*

- un cadr .... • les vac .... ces • la ch .... ce • le sil .... ce • un d .... tifrice
- une pl .... te • une bal .... ce • un p .... tin • gourm .... d • cont .... t

6 *Même consigne.*

- un début .... t • un m .... teau • un accid .... t • la d .... tition • bl .... che
- un bâtim .... t • un b .... c • la b .... lieue • le c .... tre • f .... dre

Grammaire

Les phrases affirmatives et négatives

oui	non
Le renard bondit sur la poule.	Le renard **ne** bondit **pas**.
Je regarde le ciel.	Je **ne** regarde **jamais** le ciel.
Paul va à la piscine.	Paul **ne** va **plus** à la piscine.
Ce sont des phrases **affirmatives**.	Ce sont des phrases **négatives**.

1 *Classe les phrases suivantes :*

Je n'aime pas les poireaux. Laurence se balance. La fenêtre est ouverte.
Le chat ne rampe jamais.

phrases affirmatives	phrases négatives
....	....
....	....

2 *Rétablis la vérité en écrivant des phrases négatives.*

● Les poissons volent sur le toit de la maison.

Non, les poissons ....

● La tour Eiffel se trouve à Lyon.

Non, ...

● Les escargots se promènent toujours sur les boulevards.

Non, ...

3 *Rétablis la vérité en écrivant des phrases affirmatives.*

● Les vaches ne mangent pas d'herbe.

Si, les vaches ....

● Les dinosaures n'ont pas existé.

Si, ...

4 *Complète avec* jamais*,* personne *ou* rien*.*

● Dans l'obscurité, je ne vois .... ● Les jeunes enfants ne boivent

.... de vin. ● Je suis allé à la gare mais je n'ai vu ....

● Pourquoi tu ne dis .... ?

Conjugaison

Les personnes et les pronoms

Pour conjuguer un verbe, il existe **6 personnes** (3 pour le singulier et 3 pour le pluriel) qui sont représentées par les **pronoms de la conjugaison** :

singulier	pluriel
je, j'	nous
tu	vous
il, elle, on	ils, elles

1 **Complète par** *je* **ou** *tu*.

– Bonjour, ... m'appelle Nicolas, et toi, comment .... te nommes ?

– .... m'appelle Géraldine, ... es nouveau dans cette école ?

– Oui, ... viens d'une autre région, et toi, ... habites ici ?

2 **Même consigne.**

– Martial, est-ce que .... aimes la lecture ?

– Oui, ... lis très souvent, surtout le soir. Et toi, Véronique, quels livres préfères-.......?

– .... regarde des bandes dessinées, si .... en veux, ... peux t'en prêter.

3 **Remplace les mots entre parenthèses par** *il* **ou** *elle*.

(**Patrick**) .... aime lire calmement. (**Isabelle**) .... préfère jouer avec sa poupée. (**Le petit chat**) .... grimpe aux rideaux. (**Mon stylo**) .... écrit très bien. (**Ma jupe**) .... me plaît beaucoup.

4 **Même consigne avec** *ils* **ou** *elles*.

(**Les filles**) .... vont visiter un musée et (**les garçons**) .... vont ramasser des châtaignes dans le bois. (**Ces jouets**) .... sont tout neufs. (**Les routes**) .... sont inondées. (**Les habitants du village**) .... n'ont rien entendu.

5 **Écris le pronom correspondant.**

● un chien : .... ● mes cousins : .... ● mes sœurs : ....

● la neige : .... ● le vent : .... ● des livres : ....

Vocabulaire

Une carte d'identité

Sur une carte d'identité,
on peut lire diverses informations :
– la **nationalité** indique le pays
auquel on appartient ;
– la **taille** est la hauteur de la personne ;
– le **domicile** est l'adresse
de la personne.

RÉPUBLIQUE FRANÇAISE
CARTE NATIONALE D'IDENTITÉ N°:2458642654   Nationalité Française
Nom:DULAC
Prénom(s):AGLAÉ, LISE
Sexe:F   Né(e)le:15.03.1998
à:LYON (69)
taille:1,69m
Signature
du titulaire:

IDDULAC<<<<<<<<<<<<<<<<<<
00055684169   <<LISE<<6527506

1 **Complète les phrases par un des mots suivants :**
taille, grandeur, hauteur, pointure, altitude.

● Quelle est l'........................ du Mont-Blanc ? ● Ces deux cartables sont de

même .... ● Je voudrais un blouson de 118

et des chaussures de .... 29. ● Quelle est la ....

de la tour Eiffel ?

2 **Classe en deux colonnes les mots suivants :**
un immeuble, le domicile, une maison, le lieu de résidence.

L'endroit où l'on habite	L'adresse de quelqu'un
....	....
....	....

3 **Complète le tableau.**

Le pays	Les habitants	La nationalité
France	les Français	française
Italie	....	....
Portugal	....	....
Hollande	....	....
Tunisie	....	....
Égypte	....	....

Orthographe

Le son « o » • m devant m, b et p

- Le son « o » s'écrit le plus souvent : **o** un piano, **au** un fauteuil, **eau** un marteau …

- On peut trouver aussi : **aud** un badaud, **oc** un croc, **os** le repos, **ot** un fagot …

1 *Souligne le son « o » dans les mots.*

un coffre, un chapeau, une cloche, Christophe, une rose, une galoche, un mulot, un nigaud, zéro, un réchaud, un tréteau, un panneau, une locomotive, joli, un lionceau, un escabeau, un collier, un cordonnier, un rocher, un orage.

2 *Complète par* o, au *ou* eau.

- C......lette • une ét......ffe • un troup............... • Cl.........de • un noy.............
- un r......binet • brav......... • un corb.......... • g.........che • s.........vage

3 *Complète par* os, ot *ou* aud.

- un haric........... • un escarg........... • un crap.......... • un tric........... • un hér...........
- un sab........... • ch........... • un coquelic........... • un gig........... • un abric...........

- Devant les lettres **m**, **b** et **p**, on écrit **m** à la place de **n**, sauf dans un **bonbon**. immangeable, imbuvable, un champignon…

4 *Complète par* an *ou* am.

- une ch.........son • un ch.........p • une j.........be • un k.........gourou • un t.........bour

5 *Complète par* en *ou* em.

- un ens.........ble • ....core • ....mener • ....bellir • ent.........dre

6 *Complète par* on *ou* om.

- une p.........pe • une c.........pote • la b.........té • un c.........c.........bre • p.........dre

7 *Complète par* in *ou* im.

- ....solent • ....battable • ....mense • ....possible • ....trouvable

Grammaire

La phrase interrogative

- Une phrase qui **pose une question** est une **phrase interrogative** ; on dit aussi qu'elle est à la **forme interrogative**.

- Elle commence par une **majuscule** et se termine par un **point d'interrogation (?)**.

> Sautes-tu à la corde ? Est-ce que tu sautes à la corde ?
> Tu sautes à la corde ?

1 *Souligne les phrases interrogatives.*

- Est-ce que tu dors beaucoup ? Je dors en général dix heures par nuit.
- Te couches-tu de bonne heure ? Je m'endors vers 21 heures.
- Tu rêves la nuit ? Quelquefois, je fais des cauchemars.

2 *Mets les phrases à la forme interrogative sur le modèle suivant :*
Frédéric écoute un disque → Est-ce que Frédéric écoute un disque ?

- Le roi habite un château : ....
- Son château est au fond de la mer : ....
- Ce roi a des filles : ....
- Son peuple est mystérieux : ....

3 *Mets les phrases à la forme interrogative sur le modèle suivant :*
Frédéric écoute un disque → Frédéric écoute-t-il un disque ?

- La mer est verte : ....
- Les flots sont calmes : ....
- Des pêcheurs lancent leur filet : ....

4 *Mets de trois manières différentes chaque phrase à la forme interrogative.*

- La fête continue : ....

....

- Le chat miaule : ....

....

- La Terre est ronde : ....

....

Conjugaison

L'infinitif des verbes

Pour désigner un verbe, on utilise son **infinitif**,
Dans la phrase « La maîtresse **prend** la craie et **écrit** sur le tableau. »
prend, c'est le verbe **prendre**, et **écrit**, c'est le verbe **écrire**.

1 *Souligne les verbes qui sont à l'infinitif dans ce texte.*

Zoé s'installe dans un fauteuil : elle veut regarder la télévision. Elle appuie sur la télécommande pour allumer. L'image apparaît mais on ne peut pas entendre le son. Elle appuie encore et commence à s'énerver.

2 *Transforme les phrases selon le modèle. Souligne les verbes à l'infinitif.*

Le cheval tire un traineau. → Le cheval est en train de tirer un traineau.

● Hervé court à toute vitesse : ....

....

● La plante pousse : ....

....

● Elle comprend l'explication : ....

....

● Le singe épluche une banane : ....

....

3 *Écris l'infinitif des verbes soulignés.*

L'oiseau construit (..........................) son nid. Damien fait (..................)
des grimaces. Le lion marche (..........................) dans la jungle. L'automobiliste
regarde (..........................) la route. Le lutin prend (..........................) le sac.

4 *Même consigne.*

Il passe (..................) son temps à jouer. Les petits poissons nagent (..................)
dans l'eau. Henri soulève (..........................) sa casquette. Elle déchire
(..........................) le journal. Les voyageurs partiront (..........................) demain.

Vocabulaire

Le visage

Si on veut **dessiner** ou **décrire** le visage de quelqu'un, il faut apporter des **précisions** sur les cheveux, la couleur des yeux, la forme du nez, de la bouche, des oreilles et l'expression générale de ce visage.

1 **Lis ce vocabulaire.**

– **Les cheveux :** bruns, blonds, châtains (de couleur brun clair), roux (de couleur orangée) ; frisés, ondulés ou raides ; courts ou longs ; en brosse, en arrière, avec une raie, avec des nattes, une tresse, une queue de cheval.

– **Les yeux :** bleus, verts, marron ; clairs ou foncés.

– **Le nez :** petit, long, retroussé (un peu relevé), épaté (court et large), aquilin (en forme de bec d'aigle).

– **L'expression du visage :** gaie, triste, sérieuse...

– **Signes particuliers :** taches de rousseur, grain de beauté, oreilles décollées...

2 **Dessine Mme Colère.**

Elle a les cheveux
bruns et raides,
les yeux noirs,
les sourcils froncés,
le nez épaté
et un grain
de beauté.

Dessine M. Coquin.

Il a les cheveux
blonds et frisés,
le nez retroussé,
les yeux bleus
et des taches
de rousseur.

3 **Décris Mme Sourire.**

....
....
....
....
....
....

Décris M. Triste.

....
....
....
....
....
....

Orthographe

Les sons « j » et « g »

- Le son « **j** » peut s'écrire avec la lettre **j** un jardin ,
  ou avec la lettre **g** si on place à côté un **e** un genou , un **i** le gibier
  ou un **y** la gymnastique …

- Le son « **g** » s'obtient avec la lettre **g**, mais devant **e**, **i** et **y**,
  il faut utiliser **gu** la guitare …

1 *Classe en deux colonnes les mots suivants :*

cage, jardin, jouer, rouge, jaune, village, genou, joli, jeter, herbage, juste, personnage, dangereux, jeunesse, Julien, jaloux, juin.

j   ge

....
....
....
....

2 *Complète par j ou ge.*

- Il man......a • la rou......ole • un ......eu • la ......ungle • un son......
- un menson...... • ......ouer • la ......lée • la ......ournée • une man......oire

3 *Classe en deux colonnes les mots suivants :*

garçon, guider, vague, garde, galop, bague, garantir, gaieté, garagiste, gagner, pirogue, guerrier, régaler, guérir, guenille, galette, galopin, guetter, gomme.

g   gu

....
....
....
....

4 *Complète par g ou gu.*

- un ......adget • de la ......imauve • des ......illemets • un é......out • la ......are
- fati......er • un ......amin • un re......ard • un va......abond • une fi......e

21

Grammaire

La phrase exclamative

Une phrase qui exprime la **surprise**, la **joie** ou la **colère** est une phrase **exclamative**.

Elle commence par une **majuscule** et se termine par un **point d'exclamation (!)**.

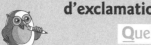 Quel joli petit écureuil **!**   Que tu es malin **!**

1 ***Souligne les phrases exclamatives.***

● Combien de jours vas-tu rester ? ● Je mange sans me priver. ● Quelle chaleur il fait aujourd'hui ! ● J'aime faire des gâteaux. ● Les sommets sont-il enneigés ? ● Que tu m'énerves !

2 ***Transforme les phrases affirmatives en phrases exclamatives.***

Ce chien est beau. → Oh ! Le beau chien !

● Ce chaudron est grand : Oh ! Le .... !

● Cet oiseau est superbe : .... !

3 ***Même consigne.***

Ce peintre est habile. → Que ce peintre est habile !

● Ces loups sont féroces : Que .... !

● Cet ogre est dangereux : .... !

4 ***Même consigne.***

Cet enfant est sage. → Comme cet enfant est sage !

● Le ciel est bleu : Comme .... !

● Les jours me semblent longs : .... !

● Ces chansons sont belles : .... !

● L'oiseau agace le loup : .... !

5 ***Même consigne.***

La nuit est étoilée. → Quelle nuit étoilée !

● Le vent est violent : Quel .... !

● Ces boissons sont rafraîchissantes : Quelles .... !

● Ces arbres sont résistants : Quels .... !

Conjugaison

Les verbes en -er au présent
(il, elle / ils, elles)

Pour les verbes en **-er**, les terminaisons du présent sont :
il, elle → **e** / ils, elles → **ent**.

Le film (il) commenc**e** tout de suite.

L'eau (elle) coul**e** dans l'évier.

Les garçons (ils) jou**ent**.

Les fillettes (elles) dans**ent**.

1 *Relie chaque sujet au verbe correspondant.*

| Le camion |
| Le jardinier |
| Le chien |
| L'avion |

| vole dans le ciel. |
| ronge un os. |
| roule dans la nuit. |
| plante des fleurs. |

2 *Récris chaque sujet en face du verbe correspondant.*

Les canards .... regardent la télévision.

Les chevaux .... tombent du ciel.

Les enfants .... galopent sur le chemin.

Des flocons .... barbotent dans la mare.

3 *Remplace le nom entre parenthèses par le pronom correspondant.*

● **(Le roi)** .... appelle un jongleur.   ● **(La reine)** .... habille la jeune princesse.

● **(Les sujets)** .... aiment leur roi.   ● **(Les fêtes)** .... amusent le peuple.

4 *Complète les tableaux au présent.*

	manger	parler	cacher
il *ou* **elle**			

	brosser	chanter	poser
ils *ou* **elles**			

Vocabulaire

Le corps humain

Vocabulaire à connaître :

la tête, le front, les joues,
les sourcils, les cils, le menton,
le cou, l'épaule, la poitrine,
le ventre, le bras, l'avant-bras,
le coude, le poignet, la main,
les doigts, la cuisse, la jambe,
le genou, le mollet,
la cheville, le pied,
le talon, les orteils…

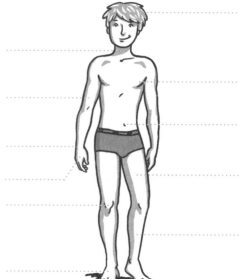

1 *Écris le nom des différentes parties du corps en t'aidant de la liste ci-dessus.*

2 *Complète les phrases avec les mots maigre, mince, musclé, obèse.*

● Ce sportif a un corps très .... ● Valérie n'a pas de graisse, elle est .... ● Cet homme ne mange pas à sa faim, il est .... ● Ce lutteur est vraiment très gros, il est ....

3 *Complète les phrases avec les mots raide, lourd, souple, agile.*

● Le chat saute, bondit : il est .... ● Benjamin fait beaucoup de gymnastique, il est .... ● Son grand-père a du mal à se baisser : il est .... ● L'éléphant remue difficilement à cause de son poids : il est ....

4 *Complète les phrases avec les verbes se redresse, s'allonge, s'accoude, s'adosse.*

● En été, on .... sur le sable de la plage. ● Julie a rapproché son tabouret du mur et appuie son dos : elle .... contre ce mur. ● Maman n'aime pas que l'on .... sur la table en mangeant. ● Marc se remet droit : il ....

Orthographe

Les sons « s » et « k »

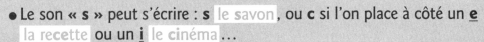

- Le son « s » peut s'écrire : **s** le savon, ou **c** si l'on place à côté un **e** la recette ou un **i** le cinéma…
- Il faut utiliser **ç** à côté des lettres **a** balançait, **o** le maçon et **u** un reçu…
- Le son « k » peut s'écrire : **c** s'il n'est pas suivi d'un **e** ou d'un **i** du café, **qu** un masque, ou **k** un képi…

1 **Classe en deux colonnes les mots suivants :**

sale, une pièce, la salade, un médecin, un garçon, un salon, sept, sentir, du sirop, du sable, facile, gracieux, une façade, sage, un sac, sauvage, déçu, une pince, du sucre, le soleil.

s	c ou ç

2 **Complète par s, c ou ç.**

- des ......abots • un ......inge • une ......einture • ......inq • un pin......eau
- la le......on • la fa......ade • une balan......e • un ......itron • ma ......œur.

3 **Classe en deux colonnes les mots suivants :**

une colline, du chocolat, la queue, une carafe, un requin, un quai, un couloir, une écurie, Pâques, quitter, le cacao, une barque, quand.

c	qu

4 **Complète par c, qu ou k.**

- la ......uisine • un ......angourou • le s......i • un dis......e
- une ......arte • le ......oude • un mo......a • ......onduire
- la ......olère • la musi......e

Grammaire

Les groupes de la phrase

> Une phrase est composée de **mots** ou de **groupes de mots**.
> Dans Un oiseau blanc / s'envole. il y a 2 groupes.
> Dans Alex / range / sa chambre. il y a 3 groupes.

1 *Sépare d'un trait les différents groupes de chaque phrase.*

● Rémi arrose les fleurs. ● Le roi habite un superbe château. ● La neige tombe.
● Les six petites princesses sont très jolies. ● Benjamin s'endort. ● Maman porte un beau foulard. ● Le facteur distribue les lettres. ● Michel a fabriqué un bateau.
● Les enfants cherchent des fraises. ● Larissa mange au restaurant scolaire.

2 *Remplace le groupe souligné par un autre groupe.*

● <u>Le petit garçon</u> mange un croissant. Ma sœur .... mange un croissant.

● <u>Un avion</u> vole dans le ciel. .... vole dans le ciel.

● Estelle <u>compte</u> ses images. Estelle .... ses images.

● Boris <u>porte</u> un blouson. Boris .... un blouson.

● Les enfants regardent les <u>vitrines</u>. Les enfants regardent ....

3 *Remplace les groupes soulignés par un des groupes suivants :*
Des ouvriers ; Ses animaux ; Les fruits ; Les arbres.

● <u>Le cerisier et le pommier</u> sont en fleurs. .... sont en fleurs.

● <u>Un plombier et un électricien</u> travaillent dans la maison. .... travaillent dans la maison.

● Valérie aime <u>son chat et son chien</u>. Valérie aime ....

● <u>Les oranges et les pommes</u> sont dans la corbeille. .... sont dans la corbeille.

4 *Complète les phrases en ajoutant les groupes manquants.*

● La girafe a ....

● .... rampe sur le sol.

● Le chat attrape ....

● Les moutons .... de l'herbe.

Conjugaison

Les verbes en -er au présent (je, tu, nous, vous)

je chante	nous cachons
tu regardes	vous mangez

1 **Place correctement les pronoms : *je, tu, nous, vous*.**

- .... jouez à colin-maillard.
- .... rentres de l'école.
- .... mange un œuf.
- .... écoutons de la musique.

2 **Même consigne.**

- .... préfère cette couleur.
- .... inventes une histoire.
- .... manges un fruit.
- .... balayons la classe.
- .... aimez cette chanson.
- .... arrivons en retard.

3 **Complète les terminaisons des verbes.**

- Je préfèr............. me promener dans les bois. ● Vous habit............. une jolie maison.
- Nous fabriqu............. des colliers pour la fête des Mères. ● Tu rêv............. souvent la nuit. ● Je veill............. sur lui.

4 **Même consigne.**

- Nous entend............. le bruit de la rue. ● Tu continu............. ton travail.
- Nous frapp............. à la porte. ● Vous gagn............. un joli lot. ● Je goût............. le plat que maman a préparé.

5 **Complète le tableau au présent.**

	fermer	parler	danser	laver
je				
tu				
nous				
vous				

Vocabulaire

Les vêtements

Vocabulaire à connaître : une chemise, un pantalon, des chaussettes, un pyjama, des bottines, un imperméable, des nu-pieds, un chemisier, un pullover, une parka, un anorak, une veste, un corsage, un jean, une casquette, une robe, des collants, un manteau, une jupe, un short, un bonnet, un jogging, un bermuda, un maillot de bain, des ballerines, une cagoule, des baskets, des sandales, des bottes, un polo, un blouson, un caban…

1 Complète par des mots de la liste.

- Un .... est un manteau court avec une capuche.
- Des .... sont des chaussures légères et plates pour les filles.
- Un .... est une chemise de sport en tricot.
- Un .... est un short dont les jambes s'arrêtent aux genoux.
- Un .... est une veste croisée comme les marins en portent.

2 Écris la liste de tout ce qui se porte aux pieds.

....

3 Écris la liste de tout ce qui se met sur la tête.

....

4 Écris la liste des vêtements que l'on porte surtout en hiver.

....

....

5 Écris la liste des vêtements que l'on porte surtout en été.

....

....

6 Écris la liste des vêtements portés uniquement par les filles.

....

....

Orthographe

Le son « u » • s ou ss

À la fin d'un mot, le son « **u** » peut s'écrire : **u** revenu , **ue** une rue , **us** dessus ou **ut** le salut …

1 **Complète par** *u, ue, us* **ou** *ut*.

● un tal........ ● une lait........ ● une tort........ ● un zéb........ ● un boss........

● une mass........ ● un intr........ ● un bah........ ● un pend........

2 **Même consigne.**

● une rev........ ● un individ........ ● un ref........ ● un éc........ ● dod........ ● une stat........

● une aven........ ● un pardess........ ● du j........ ● le déb........

3 **Même consigne.**

● un barb........ ● une ten........ ● un ab........ ● une gr........ ● un tiss........

● un moustach........ ● mord........ ● un fich........ ● la v........ ● une mor........

● **Entre deux voyelles**, a, e, i, o, u, y , la lettre **s** se prononce « **z** » : maison, menuisier, magasin…

● **Pour obtenir le son « s »**, il faut mettre **deux s** : bassin…

4 **Complète avec** *s* **ou** *ss*.

● un voi....in ● arro....er ● un ba....in ● un bui....on ● une chau....ure

● une bêti....e ● un maga....in ● une ma....on ● une bo....e ● de la mou....e

5 **Même consigne.**

● une rou....e ● un carro....e ● une coiffeu....e ● une chemi....e ● jalou....e

● une bro....e ● une u....ine ● un vi....age ● une égli....e ● des brou....ailles

6 **Entoure les mots dans lesquels tu entends le son** « z ».

une rose, des raisins, un poussin, la paresse, la jeunesse, une valise, une ardoise, une fusée, une secousse, un trésor, un oiseau, un dinosaure, une caisse, un fossé, un roseau.

Grammaire

Le nom • Le groupe nominal

- Les **noms de famille** M. Dupond…, les **prénoms** Pierre…, les **noms de villes** Lyon…, de pays France… sont des noms **propres**. Ils s'écrivent toujours avec une **majuscule**.
- Les autres noms sont des noms **communs** : table, sable, lapin…

1 **Classe en deux colonnes les noms suivants. (N'oublie pas les majuscules !)**

crayon, Paris, pluie, vent, Marc, Chantal, tapis, fenêtre, chèvre, Marseille, Europe, Italie, livre, pays, Napoléon, page, Afrique, Brest, colle, Pyrénées.

noms propres	noms communs

2 **Même consigne en ajoutant les majuscules oubliées.**

grenouille, neige, ciel, sophie, michel, espagne, belgique, bille, corse, rideau.

noms propres	noms communs

- Un nom est le plus souvent précédé d'un **déterminant** le, la, les, l', un, une, des, mon… . On appelle l'ensemble un **groupe nominal** (GN).
- On peut trouver d'autres mots dans le groupe nominal : **des adjectifs qualificatifs** (voir unité 8, page 34) ou d'autres noms (la mer de Glace, une page de cahier…).

Notre chat aime le lait tiède .
   GN   GN

3 **Souligne les groupes nominaux dans les phrases.**

Les poussins sortent de leur coquille. • Le ciel est noir. • Le roi est triste parce que sa fille ne mange plus. • Le clown du cirque fait rire les enfants.
• Le bûcheron abat un arbre.

Conjugaison

Le verbe avoir au présent

j'**ai** (soif)	nous **avons** (peur)
tu **as** (un vélo)	vous **avez** (faim)
il ou elle **a** (une serviette)	ils ou elles **ont** (des baskets)

1 *Ajoute les pronoms personnels qui manquent.*

● .... as mal à la tête. ● .... avons la grippe. ● .... ai mal aux dents.

● .... *ou* .... ont de la température. ● .... avez un rhume.

● .... *ou* .... a une otite.

2 *Même consigne.*

● .... avez un beau chapeau. ● .... ai des souliers neufs. ● ....

ou .... a un pullover en laine. ● .... as un imperméable. ● ....

ou .... ont des bottes. ● .... avons des ceintures.

3 *Complète les phrases par le verbe avoir au présent.*

● Vous .... de nouveaux amis. ● Nous .... un nouveau maître.

● Il .... un piano. ● J' .... des gâteaux. ● Elles .... de belles robes.

● Tu .... bonne mine.

4 *Même consigne.*

● Nous .... un sapin de Noël. ● Ils .... de la chance. ● J' ....

un nouveau jeu. ● Tu .... un poisson rouge. ● Vous .... une grande

classe. ● Elle .... une ardoise.

5 *Conjugue au présent : avoir un cartable.*

.... | ....

.... | ....

.... | ....

6 *Conjugue au présent : avoir du courage.*

.... | ....

.... | ....

.... | ....

Vocabulaire

La famille

Les **personnes** qui peuvent **composer** une famille sont :

le père, la mère,
le grand-père paternel
(le père de notre père)
le grand-père maternel
(le père de notre mère),
la grand-mère paternelle,
la grand-mère maternelle,
le fils, la fille, le frère, la sœur,
l'oncle, la tante, le neveu,
la nièce, les cousin(e)s,
le petit-fils, la petite-fille...

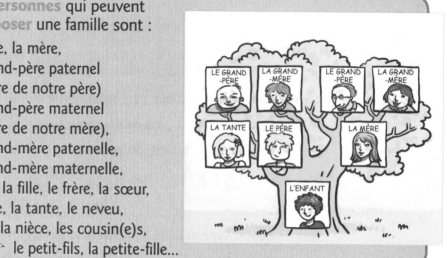

LE GRAND-PÈRE   LA GRAND-MÈRE   LE GRAND-PÈRE   LA GRAND-MÈRE
LA TANTE   LE PÈRE   LA MÈRE
L'ENFANT

1 **Complète par les mots de la liste.**

● Je m'appelle Julie, le père de ma mère s'appelle Désiré, c'est mon ....
.... ● Isabelle, la femme de Désiré, est ma ....
.... ● Je suis leur ....

2 **Même consigne.**

● Je m'appelle Gaétan. Le frère de ma mère s'appelle Marcel, c'est mon ....
● La femme de Marcel s'appelle Valérie, c'est ma .... ● Je suis leur
.... ● Damien, le fils de Marcel, est mon ....

3 **Complète les phrases pouvant remplacer le nom** *enfant* **par les mots suivants :** *gosse, bambin, nouveau-né, gamin.*

● Un nourrisson s'appelle également un ....
● Un .... est un jeune enfant. ● Dans la conversation courante,
en parlant d'un enfant, on peut dire un .... ou un ....

4 **Si tu connais tous les membres de ta famille, construis un arbre sur une feuille de papier en partant de tes grands-parents. Indique leurs prénoms.**

Unité (1)

Vocabulaire (p. 4)

1. mar/chand • ca/mem/bert • ca/ra/mel • jou/et • car/net • pa/ra/pluie • cho/co/lat • la/pin • ba/lai • cou/sin

2. rai/sin • é/pais • ja/mais • a/rai/gnée • ca/deau • pour/quoi • beau/coup • dé/part • ca/nard • mo/ment

3. champignon • robinet • invitation • compagnon • directeur • bricoleur • devinette • circulation

4. bonté • donjon • fondu • gonfler • longueur • tortue • porter • border • corbeau • dormeur • maison • garçon • mignon • torchon • charbon • méchant • marchand • gagnant • piquant • volant

5. chagrin • chaleur • chameau • chapeau • chaton

Orthographe (p. 5)

1. Entourer : jour, eau, son, bien.

2. Entourer : grand, ours, froid.

3. Entourer : demander, dernière, recouvre, hôpital.

4. On peut couper : qua/trième ou quatri/ème • con/tinuer ou conti/nuer • chu/choter ou chucho/ter • é/norme ou énor/me • quan/tité ou quanti/té.

5. at/traper • ap/prendre • oreil/ler • syl/labe • sup/plier • tranquil/le • chanton/ner • chauf/feur.

Grammaire (p. 6)

1. Souligner : Mémé apporte une tarte. • Je bois un verre de lait. • Le menuisier répare la porte.

2. Je ramasse un coquillage. • Le chien est en colère. • Papa répare sa voiture. • Paul mange son fromage.

3. La voiture roule sur la route. • La poule pond un œuf.

4. Le chat attrape une souris. • Les poissons nagent dans la mer.

5. Par exemple : Les enfants se promènent dans les bois. • Mathieu mange une pomme. • Le mécanicien répare la voiture.

Conjugaison (p. 7)

1. Souligner : marque • écrit • apprenons • poussent • s'envole

2. Souligner : sonnent • fait • allons • grimpe • picore

3. Entourer : manger, parler, écrire, boire, partir, cacher, sentir.

4. Les tulipes fleurissent • Paul lance • Les piétons traversent • Je mange • Le cygne blanc nage.

5. Par exemple : Gérard lève sa tasse • Marie achète • Il couvre son cahier • Les enfants attendent • Le singe mange.

Unité (2)

Vocabulaire (p. 8)

1. **Ce qui se mange** : la confiture, une orange, une tarte, un radis. **Ce qui vole** : un avion, une mouche, un pigeon, un hélicoptère. **Ce qui écrit :** un crayon, un feutre, un stylo, une craie.

2. *Noms des listes de gauche à droite :* habits, meubles, animaux, marchands.

3. *Entourer :* une rose • une capuche • une tomate • un chapeau

4. *Par exemple :* une guitare • une maison • une dinde • de l'aluminium

Orthographe (p. 9)

1. Souligner : un pré, un vélo, acheté, avalé, une bouée, une année, réparé, la liberté, une épée, une poupée, une écharpe, une épine, Rémi, la purée, une écaille, l'école, écrit, habitué, éclair, oublié.

2. la buée • se baigner • la fierté • un rocher • chez • un plancher • une araignée • assez • se promener • un dîner • le boucher • vous partez • le lever • le clocher • une qualité

3. Souligner : la neige, l'alphabet, une bête, muet, Colette, une caresse, le père, une mallette, une miette, la tempête, un poulet, dernière, beige, tiède, une fillette, un sujet.

4. la rivière • une pêche • un remède • la tête • la terre • des lunettes • une arête • un lièvre • la mère • un élève

5. un billet • un palais • le progrès • auprès • le poignet • un carnet • un cachet • mauvais • français • un sifflet • un rabais • épais • un bienfait • un balai • un geai

Grammaire (p. 10)

1. Nombre de mots : 2 • 5 • 3 • 2 • 4

2. Il y a 4 phrases.

3. Par exemple : Noémie a pris son goûter. Tu m'as demandé un stylo. Elle peut manger toute seule.

4. Le capitaine Jonathan capture un pélican. Le pélican pond un œuf tout blanc. Il en sort un autre pélican. Ce deuxième pélican pond à son tour un œuf tout blanc. Cela peut durer très longtemps si l'on ne fait pas d'omelette avant.

5 Il y a bien longtemps vivait une famille de loups gris. Elle était composée des parents et des louveteaux. La mère louve attendait de nouveaux petits pour la pleine lune.

Conjugaison (p. 11)

1 **passé :** l'autre jour, autrefois, il y a trois mois.
présent : en ce moment, aujourd'hui, maintenant.
futur : après-demain, lundi prochain, dans deux jours.

2 futur • passé • présent • passé

3 futur • présent • passé • futur

4 *Par exemple :* mon frère est allé chez grand-mère.
• mon école est fermée. • je serai aviateur.
• le ciel est nuageux.

Unité 3

Vocabulaire (p. 12)

1 une semaine • Cet après-midi, ce soir • Avant-hier.
• Hier • Demain. • Après-demain • prochaine.

2 *Par exemple :* Depuis quand • pendant
• dans dix minutes • en.

Orthographe (p. 13)

1 un boud**in**, soud**ain**, un dauph**in**, un fél**in**, un écriv**ain**,
un coqu**in**, un magas**in**, un **in**vité, un poul**ain**, **in**quiet,
installer, **im**poli, un pép**in**, un requ**in**, un parr**ain**, vil**ain**,
inscrire, **in**téressant, une te**in**te, une pe**in**ture.

2 un jard**in** • mal**in** • un moul**in** • un g**ain** • un chagr**in**
• la m**ain** • un pouss**in** • la te**in**ture • un refr**ain**
• un Afric**ain**

3 la ce**in**ture • un gr**ain** • une fe**in**te • un mat**in** • mascul**in**
• fém**in**in • un lap**in** • un terr**ain** • dem**ain** • un boud**in**

4 une ch**an**son, **en**tendre, comm**en**t, **en**tourer, un gagn**an**t,
dim**an**che un t**am**bour déc**em**bre, la j**am**be, **en**semble,
un pélic**an**, un océ**an**, un volc**an**, mam**an**, un ourag**an**,
une sé**an**ce, se p**en**cher, **en**lever, du j**am**bon, le m**en**ton.

5 un cadr**an** • les vac**an**ces • la ch**an**ce • le sil**en**ce
• un d**en**tifrice • une pl**an**te • une bal**an**ce • un p**an**tin
• gourm**and** • cont**en**t

6 un début**ant** • un m**an**teau • un accid**ent** • la d**en**tition
• bl**an**che • un bâtim**ent** • un b**an**c • la b**an**lieue
• le c**en**tre • f**en**dre

Grammaire (p. 14)

1 **Phrases affirmatives :** Laurence se balance. La fenêtre est
ouverte. **Phrases négatives :** Je n'aime pas les poireaux.
Le chat ne rampe jamais.

2 Non, les poissons ne volent pas sur le toit de la maison.
• Non, la tour Eiffel ne se trouve pas à Lyon. • Non, les
escargots ne se promènent jamais sur les boulevards.

3 Si, les vaches mangent de l'herbe. • Si, les dinosaures
ont existé.

4 je ne vois rien • ne boivent jamais de vin
• je n'ai vu personne • tu ne dis rien.

Conjugaison (p. 15)

1 Bonjour, **je** m'appelle, **tu** te nommes • **Je** m'appelle,
tu es nouveau • **je** viens, et toi, **tu** habites.

2 **tu** aimes. • Oui, **je** lis ; préfères-**tu**. • **Je** regarde,
si **tu** en veux, **je** peux.

3 **il** aime lire • **elle** préfère • **il** grimpe • **il** écrit
• **elle** me plaît.

4 **elles** vont visiter, **ils** vont ramasser • **ils** sont tout neufs
• **elles** sont inondées • **ils** n'ont rien entendu.

5 un chien : **il** • mes cousins : **ils** • mes sœurs : **elles**
• la neige : **elle** • le vent : **il** • des livres : **ils**.

Unité 4

Vocabulaire (p. 16)

1 l'altitude du Mont-Blanc • de même grandeur
• un blouson de taille 118 • des chaussures de pointure 29
• la hauteur de la tour Eiffel

2 **L'endroit où l'on habite :** immeuble, maison.
L'adresse de quelqu'un : domicile, lieu de résidence.

3 les Italiens, nationalité italienne. • les Portugais,
portugaise. • les Hollandais, hollandaise. • les Tunisiens,
tunisienne. • les Égyptiens, égyptienne.

Orthographe (p. 17)

1 un **c**offre, un **ch**apeau, une **cl**oche, Christophe, une rose,
une ga**l**oche, un mu**l**ot, un niga**ud**, **z**éro, un récha**ud**,
un tré**t**eau, un panneau, une lo**c**omotive, **j**oli, un lion**c**eau,
un es**c**abeau, un **c**ollier, un **c**ordonnier, un ro**ch**er, un orage.

2 **C**olette • une é**t**offe • un troup**eau** • **C**laude • un noy**au**
• un robinet • bravo • un corb**eau** • gau**ch**e • sauv**age**

3 un harico**t** • un escargo**t** • un crapau**d** • un trico**t** • un héro**s**
• un sabo**t** • **ch**au**d** • un coquelico**t** • un gigo**t** • un abrico**t**

4 une **ch**an**s**on • un **ch**amp • une **j**ambe • un **k**angourou
• un **t**ambour

5 un **en**semble • **en**core • **em**mener • **em**bellir • **en**tendre

6 une **p**ompe • une **c**ompote • la b**on**té • un **c**on**c**ombre
• **p**ondre

7 **in**solent • **im**battable • **im**mense • **im**possible
• **in**trouvable

Grammaire (p. 18)

1 *Souligner :* Est-ce que tu dors beaucoup ?
• Te couches-tu de bonne heure ? • Tu rêves la nuit ?

2 **Est-ce que** le roi habite un château ? • **Est-ce que** son
château est au fond de la mer ? • **Est-ce que** ce roi
a des filles ? • **Est-ce que** son peuple est mystérieux ?

3 La mer **est-elle** verte ? • Les flots **sont-ils** calmes ?
• Des pêcheurs **lancent-ils** leur filet ?

4 La fête continue ? Est-ce que la fête continue ? La fête continue-t-elle ? • Le chat miaule ? Est-ce que le chat miaule ? Le chat miaule-t-il ? • La Terre est ronde ? Est-ce que la Terre est ronde ? La Terre est-elle ronde ?

Conjugaison (p. 19)

1 *Souligner :* regarder, allumer, entendre, s'énerver.

2 Hervé est en train de <u>courir</u> à toute vitesse. • La plante est en train de <u>pousser</u>. • Elle est en train de <u>comprendre</u> l'explication. • Le singe est en train d'<u>éplucher</u> une banane.

3 construire • faire • marcher • regarder • prendre

4 passer • nager • soulever • déchirer • partir

Unité 5

Vocabulaire (p. 20)

3 *Par exemple :* Mme Sourire a des cheveux courts et bouclés, des lunettes, de grands yeux et une expression gaie. M. Triste a les cheveux en brosse, les oreilles décollées, le nez aquilin et une expression sérieuse.

Orthographe (p. 21)

1 **j :** jardin, jouer, jaune, joli, jeter, juste, jeunesse, Julien, jaloux, juin.
ge : cage, rouge, village, genou, herbage, personnage, dangereux.

2 il mang**ea** • la roug**e**ole • un j**eu** • la j**u**ngle • un son**ge** • un menson**ge** • j**ouer** • la g**e**lée • la j**ou**rnée • une mang**e**oire

3 **g :** garçon, garde, galop, garantir, gaieté, garagiste, gagner, régaler, galette, galopin, gomme
gu : guider, vague, bague, pirogue, guerrier, guérir, guenille, guetter.

4 un **g**adget • de la **gu**imauve • des **gu**illemets • un é**g**out • la **g**are • fati**gu**er • un **g**amin • un re**g**ard • un va**g**abond • une fi**gu**e

Grammaire (p. 22)

1 *Souligner :* Quelle chaleur il fait aujourd'hui ! • Que tu m'énerves !

2 Oh ! Le grand chaudron ! • Oh ! Le superbe oiseau !

3 Que ces loups sont féroces ! • Que cet ogre est dangereux !

4 Comme le ciel est bleu ! • Comme les jours me semblent longs ! • Comme ces chansons sont belles ! • Comme l'oiseau agace le loup !

5 Quel vent violent ! • Quelles boissons rafraîchissantes ! • Quels arbres résistants !

Conjugaison (p. 23)

1 L'avion vole. • Le chien ronge. • Le camion roule. • Le jardinier plante.

2 Les enfants regardent. • Des flocons tombent. • Les chevaux galopent. • Les canards barbotent.

3 Le roi, il • La reine, elle • Les sujets, ils • Les fêtes, elles.

4 il *ou* elle mange. • il *ou* elle parle. • il *ou* elle cache. • ils *ou* elles brossent. • ils *ou* elles chantent. • ils *ou* elles posent.

Unité 6

Vocabulaire (p. 24)

1 *De haut en bas :* tête, cou, poitrine, bras, ventre, poignet, main, doigts, cuisse, genou, jambe, pied.

2 Ce sportif a un corps très musclé. • Valérie est mince. • Cet homme est maigre. • Ce lutteur est obèse.

3 Le chat est agile. • Benjamin est souple. • Son grand-père est raide. • L'éléphant est lourd.

4 En été, on s'allonge. • Julie s'adosse. • que l'on s'accoude. • Marc se redresse.

Orthographe (p. 25)

1 **s :** sale, salade, salon, sept, sentir, sirop, sable, sage, sac, sauvage, sucre, soleil.
c ou ç : pièce, médecin, garçon, facile, gracieux, façade, déçu, pince.

2 sabot**s** • **s**inge • **c**einture • **c**inq • pin**c**eau • le**ç**on • fa**ç**ade • balan**c**e • **c**itron • **s**œur

3 **c :** colline, chocolat, carafe, couloir, écurie, cacao.
qu : queue, requin, quai, Pâques, quitter, barque, quand.

4 cuisine • kangourou • ski • dis**qu**e • **c**arte • **c**oude • moka • **c**onduire • **c**olère • musi**qu**e

Grammaire (p. 26)

1 Rémi/ arrose/ les fleurs. • Le roi/ habite/ un superbe château. • La neige/ tombe. • Les six petites princesses/ sont/ très jolies. • Benjamin/ s'endort. • Maman/ porte/ un beau foulard. • Le facteur/ distribue/ les lettres. • Michel/ a fabriqué/ un bateau. • Les enfants/ cherchent/ des fraises. • Larissa/ mange/ au restaurant scolaire.

2 *Par exemple :* **Un moineau** vole • **Estelle** colle • **Boris** achète • **Les enfants** regardent un film.

3 Les arbres sont en fleurs. • Des ouvriers travaillent dans la maison. • Valérie aime ses animaux. • Les fruits sont dans la corbeille.

4 *Par exemple :* La girafe a un long cou. • Le serpent rampe sur le sol. • Le chat attrape une souris. • Les moutons broutent de l'herbe.

Conjugaison (p. 27)

1 Vous jouez • Je mange • Tu rentres • Nous écoutons

2 Je préfère • Nous balayons • Tu inventes • Vous aimez • Tu manges • Nous arrivons

3 Je préfère • Vous habit**ez** • Nous fabriqu**ons** • Tu rêv**es** • Je veill**e**

4 Nous entend**ons** • Tu continu**es** • Nous frapp**ons**
• Vous gagn**ez** • Je goût**e**

5 je ferme, tu fermes, nous fermons, vous fermez.
• je parle, tu parles, nous parlons, vous parlez.
• je danse, tu danses, nous dansons, vous dansez.
• je lave, tu laves, nous lavons, vous lavez.

Unité 7

Vocabulaire (p. 28)

1 une parka • des ballerines • un polo • un bermuda
• un caban

2 des chaussettes, des bottines, des nu-pieds, des ballerines,
des baskets, des sandales, des bottes.

3 une casquette, un bonnet, une cagoule.

4 un imperméable, un pullover, une parka, un anorak,
un manteau, un bonnet, une cagoule, un caban.

5 des nu-pieds, un short, un bermuda, un maillot de bain,
des sandales, un polo.

6 un chemisier, un corsage, une robe, des collants, une jupe,
des ballerines.

Orthographe (p. 29)

1 tal**us** • lait**ue** • tort**ue** • zéb**u** • boss**u** • mass**ue** • intr**us**
• bah**ut** • pend**u**

2 rev**ue** • individ**u** • ref**us** • éc**u** • dod**u** • stat**ue** • aven**ue**
• pardess**us** • j**us** • déb**ut**

3 barb**u** • ten**ue** • ab**us** • gr**ue** • tiss**u** • moustach**u**
• mord**u** • fich**u** • v**ue** • mor**ue**

4 voisin • arroser • bassin • buisson • chaussure • bêtise
• magasin • maison • bosse • mousse.

5 rousse • carrosse • coiffeuse • chemise • jalouse • brosse
• usine • visage • église • broussailles.

6 *Entourer* : rose, raisins, valise, ardoise, fusée, trésor,
oiseau, dinosaure, roseau.

Grammaire (p. 30)

1 **noms propres** : Paris, Marc, Chantal, Marseille, Europe,
Italie, Napoléon, Afrique, Brest, Pyrénées.
noms communs : crayon, pluie, vent, tapis, fenêtre, chèvre,
livre, pays, page, colle.

2 **noms propres** : Sophie, Michel, Espagne, Belgique, Corse.
noms communs : grenouille, neige, ciel, bille, rideau.

3 *Souligner* : les poussins, leur coquille • le ciel • le roi,
sa fille • le clown du cirque, les enfants • le bûcheron,
un arbre.

Conjugaison (p. 31)

1 **Tu** as • **Nous** avons • **J'**ai • **Ils** *ou* **elles** ont • **Vous** avez
• **Il** *ou* **elle** a

2 **Vous** avez • **J'**ai • **Il** *ou* **elle** a • **Tu** as • **Ils** *ou* **elles** ont
• **Nous** avons

3 Vous **avez** • Nous **avons** • Il **a** • J'**ai** • Elles **ont** • Tu **as**

4 Nous **avons** • Ils **ont** • J'**ai** • Tu **as** • Vous **avez** • Elle **a**

5 j'ai, tu as, il *ou* elle a, nous avons, vous avez, ils *ou* elles ont
un cartable.

6 j'ai, tu as, il *ou* elle a, nous avons, vous avez, ils *ou* elles ont
du courage.

Unité 8

Vocabulaire (p. 32)

1 Désiré, c'est mon grand-père. • Isabelle est ma grand-
mère. • Je suis leur petite-fille.

2 Marcel, c'est mon oncle. • Valérie, c'est ma tante. • Je suis
leur neveu. • Damien est mon cousin.

3 Un nourrisson est un nouveau-né. • Un bambin est un jeune
enfant. • Pour parler d'un enfant, dans la conversation
courante, on peut dire un gamin ou un gosse.

Orthographe (p. 33)

1 **é** : vélo, fatigué, pré, avalé, cheminée, café, réussi, énorme,
ramassé.
è ou **ê** : tête, pêche, bête, rivière, sèche, forêt, arête, rêve,
mère, père, remède.

2 fum**é**e, s'**é**chappe • r**é**pare • t**é**l**é**vision • vip**è**re
• f**ê**te, pr**é**par**é** • fen**ê**tres.

3 **à** la balançoire • **à** la montagne • Il **a** mal **à** la cheville
• Le cheval **a** quatre pattes.

4 Elle **a** • Mon chat **a** • Il va **à** la chasse • Nous jouons
à cache-cache • Elle **a** froid.

Grammaire (p. 34)

1 *Souligner* : grand • bleus • passionnante • jolie • bruns
• originale • intéressant • électrique • forte • bel • aigu
• utile • cruel • horrible • appétissant.

2 un élégant chapeau vert • un vieux vélo rouillé
• un superbe habit neuf • un gros nuage gris
• un magnifique papillon jaune.

3 *Par exemple* : des vacances agréables • un gâteau
appétissant • une soirée triste • un fauteuil neuf
• une orange sucrée • une odeur forte • une surprise
désagréable • un brouillard épais • des chaussures
noires • un chien affectueux.

4 *Par exemple* : un tissu résistant • de violentes averses
• une extraordinaire aventure • un train rapide
• des enfants intelligents • une forte tempête
• une affaire sérieuse • un objet métallique.

Conjugaison (p. 35)

1 Nous sommes • Il *ou* elle est • Vous êtes • Tu es
• Ils *ou* elles sont • Je suis

2 Tu es • Ils *ou* elles sont • Je suis • Il *ou* elle est
• Vous êtes • Nous sommes

3 Elles sont • Vous êtes • Je suis • Il est • Tu es
• Nous sommes

4 Ces enfants sont • Je suis • Ma voisine est • Tu es
• Vous êtes • Nous sommes

5 je suis, tu es, il *ou* elle est, nous sommes, vous êtes,
ils *ou* elles sont en vacances.

6 je suis, tu es, il *ou* elle est, nous sommes, vous êtes,
ils *ou* elles sont en avance.

Unité ⑨

Vocabulaire (p. 36)

1 le grenier • la cave • la salle à manger • la cuisine
• la salle de bains

2 un immeuble • un étage • le rez-de-chaussée
• un appartement • l'ascenseur

3 tente • caravane • chalet • pavillon • villa

4 baraque • bicoque • cabane • maisonnette

Orthographe (p. 37)

1 cette grenouille • ce train • cet arbre • cette route
• ces bananes • cette chanson • ce carnet • cet avion

2 un jardin • une porte • un éléphant • des animaux
• une pierre • un tissu • une caverne • des fruits

3 ce verre • cette fille • ces cailloux • cet arbre
• ces jardins • cette voiture • ce dessin • cet alphabet
• ces bruits • ces disques

4 **ce** petit garçon **se** lave • **ce** tableau • **se** regarde, **ce** miroir
• **ce** bonnet

5 **se** coucher • **ce** gâteau • il **se** porte • **ce** crayon • il **se** lève

Grammaire (p. 38)

1 **masculin** : vent, cahier, croissant,
féminin : neige, marmite, brioche, pomme.

2 **masculin** : accident, abricot, exemple, objet,
féminin : année, usine, ampoule, erreur.

3 **masculin** : un cheval, un calendrier, un frère, un film,
un poireau.
féminin : une chanson, une couleur, une journée,
une gomme, une saison.

4 **masculin** : un tapis, un poteau, un but, un tigre, un ciel,
un crocodile. **féminin** : une fusée, une route, une étoile,
une bague.

Conjugaison (p. 39)

1 Nous allons • Je vais • Ils *ou* elles vont • Vous allez
• Tu vas • Il *ou* elle va

2 Tu vas • Nous allons • Il *ou* elle va • Vous allez • Je vais
• Ils *ou* elles vont

3 Vous allez • Je vais • Elles vont • Nous allons • Tu vas • Il va

4 Tu vas • Ils vont • Nous allons • Vous allez • Elle va • Je vais

5 je vais, tu vas, il *ou* elle va, nous allons, vous allez,
ils *ou* elles vont à la campagne.

6 je vais, tu vas, il *ou* elle va, nous allons, vous allez,
ils *ou* elles vont à la bibliothèque.

Unité ⑩

Vocabulaire (p. 40)

1 le petit déjeuner, le déjeuner, le goûter, le dîner.

2 un potage, un hors-d'œuvre, un plat, du fromage, un dessert.

3 **hors-d'œuvre** : une salade de tomates, des carottes râpées,
des sardines à l'huile.
plats : du rôti de veau aux haricots, un steak-frites,
du poulet avec de la purée.
desserts : une tarte, du riz au lait, une crème caramel.

4 entremets • soupe • souper.

Orthographe (p. 41)

1 son canari • son camion • sa balle • sa roue
• ses foulards • ses habits • ses os • sa lettre

2 sa robe • son nom • son école • son devoir • ses légumes
• sa coquille • ses mains • sa maison

3 **son** goûter • Les enfants **sont** • Les vaches **sont**
• **son** atterrissage • dans **son** lit

4 **sont** bloquées • **son** air • les fleurs **sont** • **son** cahier
• **son** lapin

5 **ses** stylos • **ces** nuages • **ses** pattes • **ses** exercices
• **ces** gens

Grammaire (p. 42)

1 **singulier** : un papier, ma chambre, ce journal, sa poupée,
cette journée. **pluriel** : des souris, mes idées, tes projets,
nos outils, ces insectes.

2 **singulier** : le chapeau, la fête, une craie, un jouet,
mon ami. **pluriel** : quelques mouches, plusieurs élèves,
certains animaux, deux billes, huit jours.

3 *Par exemple* : Je vois un arbre • J'entends un bruit
• Je prends mon stylo • Elle mange un fruit • Tu lances
un caillou • Elles attendent le car • Nous aimons
la natation • Il attrape un insecte.

4 *Par exemple* : Le boulanger fait des croissants
• Il bouscule les gens • Ils prennent des gants
• Les lions mangent des gazelles • Tu regardes les oiseaux
• Vous visitez les monuments • Le marchand pèse
les pommes • Je me lave les cheveux.

Conjugaison (p. 43)

1 vous chanterez • je regarderai • ils *ou* elles fermeront
• tu mangeras • nous brosserons • il *ou* elle campera
• tu bouderas • nous blesserons • je chanterai
• ils *ou* elles coifferont.

2 tu colleras • nous chaufferons • il *ou* elle cassera • vous chuchoterez • ils *ou* elles commanderont • je conseillerai • nous courberons • vous couperez • je cultiverai • tu déboucheras.

3 Il découpera • Je danserai • Les employés dégageront • Vous annoncerez • Tu resteras

4 je dépenserai, tu dépenseras, il dépensera, nous dépenserons, vous dépenserez, elles dépenseront. • je rangerai, tu rangeras, il rangera, nous rangerons, vous rangerez, elles rangeront. • je planterai, tu planteras, il plantera, nous planterons, vous planterez, elles planteront.

Unité ⑪

Vocabulaire (p. 44)

1 **animaux domestiques :** souris, hamster, lapin, chien, chat

2 **animaux sauvages :** lion, éléphant, girafe, tigre, loup, ours.

3 **animaux herbivores :** cheval, mouton, girafe, vache, lapin, chèvre.

4 **animaux carnivores :** lion, tigre, loup, ours, (chien, chat).

5 poulain • chaton • veau • chiot • poussin

6 le grognement • le miaulement • le ronronnement • le bêlement.

7 sale/cochon • bête/âne • courir/lièvre • nager/poisson

Orthographe (p. 45)

1 une inconnue • une amie • une avocate • une absente • une invitée • une étudiante

2 une ouvrière • une danseuse • une actrice • une pâtissière • une épicière • une voleuse • une menteuse • une conductrice

3 une monitrice • une chanteuse • une vendeuse • une nageuse • une romancière • une directrice

4 une reine • ma sœur • ma mère • ma tante • une femme • une dame

Grammaire (p. 46)

1 Le ballon de François (sing.) • Le printemps (sing.) • Les arbres de la forêt (plur.) • Un grand cygne blanc (sing.) • Les pingouins (plur.).

2 Les Esquimaux habitent. • Les lapins aiment. • Le gardien du zoo nourrit. • L'écureuil fait. • Le rossignol chante.

3 Le**s** petit**s** chien**s** jou**ent** sur le tapis. • Le**s** araignée**s** tiss**ent** une toile. • Le**s** reine**s** habit**ent** un merveilleux palais.

4 L'éléphant se baigne. • Le personnage parle. • L'abeille butine les fleurs.

Conjugaison (p. 47)

1 **tu** auras • **ils** *ou* **elles** auront • **vous** aurez • **nous** aurons • **j'**aurai • **il** *ou* **elle** aura

2 tu **auras** • Vous **aurez** • Ils *ou* elles **auront** • j'**aurai** • Il *ou* elle **aura** • nous **aurons**

3 Vous serez • Je serai • Ils *ou* elles seront • tu seras • Nous serons • il *ou* elle sera

4 Ils **seront** • Vous **serez** • Je **serai** • Nous **serons** • Tu **seras** • Elle **sera**

Unité ⑫

Vocabulaire (p. 48)

1 **fleurs cultivées :** rosiers, tulipes, géraniums, œillets.

2 **fleurs ou plantes sauvages :** herbe, coquelicots, boutons d'or, mousse.

3 Le jardinier sème • il ratisse • les graines germent, de petites tiges poussent • le jardinier arrose.

4 Un plant • c'est la planter • un plantoir • une plantation • un planteur

5 faire, défaire, refaire • former, déformer, reformer • monter, démonter, remonter • gonfler, dégonfler, regonfler.

Orthographe (p. 49)

1 polie • petite • méchante • dure • jolie • mûre • gaie • chaude

2 claire • sucrée • bleue • froide • noire • carrée • verte • haute

3 grosse • joueuse • dangereuse • peureuse • moqueuse

4 ancienne • flatteuse • soigneuse • rêveuse • précieuse

5 riche • agréable • belle • libre • vieille • fidèle • honnête • sauvage

Grammaire (p. 50)

1 vol**ent** • part**ent** • saut**ent** • ouvr**ent** • rend**ent**

2 **vous** portez • **nous** habit**ons** • **nous** fais**ons** • **vous** rang**ez** • **nous** attend**ons**

3 apport**e** et le donn**e** • regard**e** et zapp**e** • prépar**ons** et plaç**ons** • pend**ent** et grinc**ent**

4 J'observe la lune et la trouv**e** • La petite fille sèch**e** et pouss**e** • Les mouches vol**ent** et tourn**ent** • Les enfants hurl**ent** et applaudiss**ent**.

Conjugaison (p. 51)

1 Nous irons • Il *ou* elle ira • J'irai • Ils *ou* elles iront • Vous irez • Tu iras

2 Tu iras • Nous irons • Ils iront • J'irai • Vous irez • Elle ira

3 Le fils de mes voisins ira • Nicole et Nathalie iront • Où iras-tu • Mon oncle et moi irons • J'irai • Pascal et toi irez

4 j'irai, tu iras, il/elle ira, nous irons, vous irez, ils/elles iront à la fête.

5 j'irai, tu iras, il/elle ira, nous irons, vous irez, ils/elles iront à l'école.

Unité 13

Vocabulaire (p. 52)

1 **à la ville** : les citadins, la capitale, un boulevard, une avenue, un arrondissement, la gare.
au village : une route, une ferme, un fermier, un campagnard, les villageois, un chemin.

2 une agglomération • une cité • un bourg • un hameau

3 une ville, un village, un bourg, un hameau

4 ville • villa • village • villageois

5 les Lyonnais • les Bordelais • les Niçois • les Grenoblois

Orthographe (p. 53)

1 des jouets • des canards • des rivières • des nuages • des livres • des maisons

2 des tables • des cahiers • des fourchettes • des textes • des chats • des chansons

3 des tableaux • des manteaux • des généraux • des métaux • des cheveux • des poireaux • des noyaux • des chevaux • des milieux • des marteaux • des signaux • des bateaux

4 des bois • des voix • des noix • des pas • des croix • des os

Grammaire (p. 54)

1 Demain, quand mon père se réveillera, je préparerai son café et je le lui apporterai. • Ouvre le placard, regarde en haut, prends le sel et donne-le moi. • Lundi, dans l'après-midi, à Toulouse, une chienne a sauvé sa maîtresse en donnant l'alerte.

2 Ce matin, Minet est triste en se réveillant. Sa jeune maîtresse n'est pas gentille avec lui. Sans raison, elle refuse de jouer. Alors, il s'écarte d'elle et va dans la pièce voisine. Pourquoi est-elle de si mauvaise humeur ?

3 L'éléphanteau se dit : « J'aimerais me doucher ». Il demanda alors : « Crois-tu que grand-père sera à la gare ? ». Elle s'exclama : « Quelle curieuse histoire ! ». La sorcière s'écria : « Mets l'eau à chauffer comme je te l'ai demandé ! ». La fillette répondit : « J'ai déjà allumé le feu. ».

4 Le petit chacal, soudain seul, s'arrêta, écouta attentivement les bruits autour de lui. Au loin, dans la forêt, on entendait le vent gémir. Il eut un peu peur et appela : « Maman, où es-tu ? ». Personne ne répondit.

Conjugaison (p. 55)

1 Nous avons donné • J'ai crié • Ils/elles ont emporté • Tu as cassé • Il/elle a dansé • Vous avez lavé.

2 J'ai dessiné, tu as dessiné, il/elle a dessiné, nous avons dessiné, vous avez dessiné, ils/elles ont dessiné un oiseau.

3 Tu as acheté • Nous avons acheté • Elle a acheté • J'ai acheté • Ils ont acheté • Vous avez acheté.

4 j'ai balayé, tu as balayé, il/elle a balayé, nous avons balayé, vous avez balayé, ils/elles ont balayé • j'ai porté, tu as porté, il/elle a porté, nous avons porté, vous avez porté, ils/elles ont porté • j'ai planté, tu as planté, il/elle a planté, nous avons planté, vous avez planté, ils/elles ont planté • j'ai fermé, tu as fermé, il/elle a fermé, nous avons fermé, vous avez fermé, ils/elles ont fermé.

Unité 14

Vocabulaire (p. 56)

1 **dans un bureau** : dactylo, comptable, banquier, architecte, avocat.
dans une école : professeur.
dans un magasin : vendeur, boucher, boulanger, pharmacien.
dans un garage : garagiste.
dans un hôpital : médecin, infirmière.

2 architecte, électricien, menuisier, maçon, plombier.

3 **comptable** : machine à calculer.
blanchisseuse : machine à laver.
tailleur : machine à coudre.
dactylo : machine à écrire.

4 **agent de police** : règle la circulation, veille au respect de la loi.
architecte : dessine les plans de diverses constructions, veille à la bonne exécution des travaux.
pompier : éteint les incendies, porte secours aux personnes en difficulté.
plombier : installe et répare les sanitaires (lavabos, baignoires), le chauffage.

Orthographe (p. 57)

1 des enfants sages • des chevaux noirs • des arbres résistants • des motos rapides • des livres intéressants • des rois justes • des ballons rouges • des ouvriers habiles

2 bleu • confortables • petite • méchants • rapides • gracieuse • volants • blancs • fragile • sales

3 nouveaux • postaux • brutaux • originaux • royaux

4 silencieuses • frais • dangereux • joyeux • sucrées • merveilleux • bleus • amusantes • jaunes • économiques

Grammaire (p. 58)

1 C'est une salade que mange la tortue. • Ce sont les malades que soigne le médecin. • C'est un camion rouge que conduit le pompier. • C'est le ballon que tu apportes.

2 Le rossignol chante une belle mélodie. • La taupe creuse un trou. • Nicolas a vu un beau film. • Le petit enfant de Camargue regarde un cheval. • Maman prépare une surprise.

3 Je découvre un magnifique paysage. • Paul porte une casquette. • Le bateau traverse la rivière. • Agnès lance une balle. • Nous dégustons un bon gâteau.

4 *Souligner* : un dessin • la voiture • des fleurs • une maison • une opération • son fauteuil • tous ses jouets • des géraniums

Conjugaison (p. 59)

1 J'ai eu • Ils/elles ont eu • Vous avez eu • Tu n'as pas eu • Nous avons eu • Il/elle a eu.

2 Vous avez eu • J'ai eu • Ils ont eu • Tu as eu • Nous avons eu • Elle a eu

3 Nous avons été • Elle a été • J'ai été • Vous avez été • Tu as été • Ils/elles ont été

4 Vous avez été • J'ai été • Elles ont été • Tu as été • Il a été • Nous avons été

5 j'ai été, tu as été, il/elle a été malade, nous avons été, vous avez été, ils/elles ont été malades.

Unité  15

Vocabulaire (p. 60)

1 **transport routier :** autobus, voiture, moto, camion.
transport fluvial ou maritime : péniche, paquebot, navire.
transport ferroviaire : train, autorail, TGV.
transport aérien : avion, hélicoptère, montgolfière.

2 avion : aéroport • train : gare • bus ou métro : station • bateau : port.

3 train : rails • voitures : route, autoroute • bateau : fleuve, mer • avion : piste, ciel.

4 aériens • aéroplane • aérer • aérateur

Orthographe (p. 61)

1 Marc **et** Michel • un pêcheur **et** un bateau • **et** il t'auscultera • Elle **est** partie • **est** absent • **est** inondé

1 • **est** dans la cour • Il **est** huit heures • chez le boulanger **et** le boucher • Le nom **et** l'adjectif.

2 **est** vorace • **est** tout neuf • **est** seul • des poireaux **et** des carottes • son imperméable **et** son parapluie • **est** amusant • **est** perché • son oncle **et** sa tante • du football **et** du tennis • Où **est** ton stylo ?

3 **On** a mangé • Ils **ont** pris • Que voit-**on** • Les acteurs **ont** • **On** sonne • Ils **ont** collé • **On** a cassé • **On** lui posera • J'espère qu'**on** a, qui **ont**.

4 **On** a gagné • **On** partira • Ces chiens **ont** • **On** en reparlera • Ils **ont** tout

Grammaire (p. 62)

1 à la montagne • dans le ciel • dans la classe • à la piscine

2 *Souligner :* à la campagne • dans une grotte • dans la forêt • dans le placard • sur l'autoroute.

3 au printemps • pendant une semaine • pendant une heure et demie • au mois de juillet.

4 *Souligner :* toute la nuit • en hiver • pendant une heure • en automne • Autrefois

Conjugaison (p. 63)

1 Vous êtes allé(e)s • Je suis allé(e) • Elle est allée • Nous sommes allé(e)s • Tu es allé(e) • Ils sont allés.

2 **est** allée • **sont** allés • **sont** allées • **sont** allés • **est** allée.

3 **je** suis allé • **tu** es allée • **elle** est allée • **nous** sommes allés • **vous** êtes allées • **ils** sont allés.

4 **je** suis allée • **tu** es allé • **le chat** est allé • **nous** sommes allés • **vous** êtes allées • **les poissons** sont allés.

5 je suis allée, tu es allée, elle est allée, nous sommes allées, vous êtes allées, elles sont allées dans l'eau.

Orthographe

Les accents ● a et à

> Il y a trois sortes d'accents sur le **e**.
> - L'accent aigu é que l'on entend dans bébé .
> - L'accent grave è que l'on entend dans frère .
> - L'accent circonflexe ê que l'on entend dans fête .

1 ### Classe en deux colonnes les mots suivants :

vélo, fatigué, pré, tête, pêche, avalé, cheminée, café, réussi, bête, rivière, sèche, forêt, arête, rêve, mère, père, remède, énorme, ramassé.

é

è ou ê

....

....

....

....

2 ### Complète par é, è ou ê.

- La fum....e s'....chappe vers le ciel. ● Papa r....pare la t....l....vision.
- Une vip....re rampe au soleil. ● Ce soir, il y a la f....te au village ; tout est
pr....par.... ● Nous avons ouvert les fen....tres.

> Il faut bien faire la différence entre **a (sans accent)** qui est le verbe **avoir**
> à la **3ᵉ personne du singulier du présent** (voir unité 7, page 31)
> et **à (avec accent)**.
>
> Il **a** de la fièvre.   Je vais **à** la piscine.
> |
> (avait)

3 ### Complète par a ou à.

- Valérie joue ...... la balançoire. ● Geneviève part ...... la montagne. ● Il ...... mal ......
la cheville. ● Le cheval ...... quatre pattes.

4 ### Même consigne.

- Elle ...... de la confiture sur les doigts. ● Mon chat ...... de longues moustaches.
- Il va ...... la chasse. ● Nous jouons ...... cache-cache. ● Elle ...... froid.

Grammaire

L'adjectif qualificatif

 L'adjectif qualificatif accompagne le **nom**. Il donne des **précisions**, des **renseignements** : un bruit **bizarre** ; une **grande** ville

1 *Souligne les adjectifs qualificatifs des groupes nominaux.*

- un grand garçon
- une jolie photo
- un livre intéressant
- un bel habit
- un animal cruel

- des yeux bleus
- des cheveux bruns
- un séchoir électrique
- un son aigu
- un horrible cauchemar

- une histoire passionnante
- une aventure originale
- une forte fièvre
- un robot utile
- un plat appétissant

2 *Complète chaque nom par les deux adjectifs indiqués.*

une voiture (rouge, petite) → une petite voiture rouge

- un chapeau (**vert**, **élégant**) : un .... chapeau ....
- un vélo (**vieux**, **rouillé**) : un .... vélo ....
- un habit (**superbe**, **neuf**) : un .... habit ....
- un nuage (**gris**, **gros**) : un .... nuage ....
- un papillon (**jaune**, **magnifique**) : un .... papillon ....

3 *Complète chaque groupe nominal par un adjectif.*

- des vacances ....
- une soirée ....
- une orange ....
- une surprise ....
- des chaussures ....

- un gâteau ....
- un fauteuil ....
- une odeur ....
- un brouillard ....
- un chien ....

4 *Trouve un nom pour chaque adjectif.*

- un .... résistant
- une extraordinaire ....
- des .... intelligents
- une .... sérieuse

- de violentes ....
- un .... rapide
- une forte ....
- un .... métallique

Conjugaison

Le verbe être au présent

je **suis** (triste)	nous **sommes** (habiles)
tu **es** (drôle)	vous **êtes** (dans la cour)
il *ou* elle **est** (sage)	ils *ou* elles **sont** (au cinéma)

1 **Ajoute les pronoms personnels qui manquent.**

● .... sommes sages. ● .... *ou* .... est en CE1. ● .... êtes prudents.

● .... es le premier. ● .... *ou* .... sont en classe de nature. ● ....

suis heureux.

2 **Même consigne.**

● .... es en retard. ● .... *ou* .... sont à la piscine.

● .... suis assez gourmande. ● .... *ou* .... est malade.

● .... êtes dans le couloir. ● .... sommes nombreux.

3 **Complète les phrases par le verbe être au présent.**

● Elles .... prudentes. ● Vous .... de mon avis. ● Je ....

courageux. ● Il .... le meilleur en gymnastique. ● Tu .... seul

à la maison. ● Nous .... joyeuses.

4 **Même consigne.**

● Ces enfants .... gentils. ● Je .... étonnée. ● Ma voisine ....

dans l'escalier. ● Tu .... silencieuse. ● Vous .... très drôles.

● Nous .... inquiets.

5 **Conjugue au présent : être en vacances.**

.... | ....
.... | ....
.... | ....

6 **Conjugue au présent : être en avance.**

.... | ....
.... | ....
.... | ....

Vocabulaire

La maison

TOIT

ÉTAGE

REZ-DE-CHAUSSÉE

PORTE D'ENTRÉE

1 **Complète par des mots de la liste.**

- Dans une maison, l'endroit situé sous le toit s'appelle le ....
- La partie la plus basse située sous le sol s'appelle la ....
- On prend ses repas dans la .... ● On les prépare dans la .... ● On fait sa toilette dans la ....

2 **Même consigne.**

- Dans les villes, une grande maison s'appelle un .... ● Chaque niveau horizontal s'appelle un .... ● Celui qui est au niveau du sol ou de la rue se nomme le .... - .... - .... ● Chaque famille occupe un .... ● Parfois, pour monter ou descendre sans se fatiguer, on prend l' ....

3 **Complète par les mots suivants :**
villa, pavillon, chalet, tente, caravane.

- Lorsqu'on fait du camping, on dort sous une .... ● Si l'on a une voiture, on peut accrocher une .... qui est plus confortable.
- En montagne, une maison construite en bois s'appelle un ....
- Un .... est une maison particulière de taille moyenne. ● Une maison élégante avec un jardin s'appelle une ....

4 **Complète par les mots suivants :**
maisonnette, cabane, baraque, bicoque.

- On appelle .... une construction légère en planches. ● Une maison en mauvais état est appelée en langage courant une ....
- Dans les bois, les enfants ont construit une .... ● Une petite maison est une ....

ce, cet, cette, ces • ce et se

 Ce, **cet**, **cette** et **ces** sont des déterminants qui font partie du groupe nominal. Ils servent à **montrer**, à **désigner**. Ils **s'accordent** toujours **avec le nom** qui suit : ce lapin, **cet** enfant, **cette** fleur, **ces** cahiers .

1 **Remplace** un, une **et** des **par** ce, cet, cette **et** ces.

un livre → ce livre − un œil → cet œil − une boule → cette boule
des crayons → ces crayons

- une grenouille, ...
- un arbre, ...
- des bananes, ...
- un carnet, ...

- un train, ...
- une route, ...
- une chanson, ...
- un avion, ...

2 **Remplace** ce, cet, cette **et** ces **par** un, une **ou** des.

- ce jardin, ...
- cet éléphant, ...
- cette pierre, ...
- cette caverne, ...

- cette porte, ...
- ces animaux, ...
- ce tissu, ...
- ces fruits, ...

3 **Complète par** ce, cet, cette **ou** ces.

- .... verre ● .... fille ● .... cailloux ● .... arbre ● .... jardins
- .... voiture ● .... dessin ● .... alphabet ● .... bruits ● .... disques

 Attention ! Il faut bien faire la différence entre **ce (déterminant)** et **se (qui accompagne un verbe)** : se laver, se presser…

Ce chien **se** couche sur le sol.

4 **Complète par** ce **ou** se.

- .... petit garçon .... lave tout seul. ● Regarde .... tableau ! ● Elle .... regarde
dans .... miroir. ● Je ne veux pas mettre .... bonnet.

5 **Même consigne.**

- Il faut .... coucher de bonne heure. ● J'aime .... gâteau. ● Il .... porte bien.
- Elle veut .... crayon. ● Il .... lève tôt.

Grammaire

Le masculin et le féminin

- Les noms devant lesquels on peut mettre **le** ou **un** sont **masculins** :
  le canard, **un** canard
- Les noms devant lesquels on peut mettre **la** ou **une** sont **féminins** :
  la table, **une** table
- Le déterminant **l'** peut être placé devant un nom **masculin**
  ou **féminin** : l'arbre *(masculin)*, l'hirondelle *(féminin)*

 1 **Classe dans le tableau les noms suivants :**

la neige, le vent, un cahier, une marmite, une brioche, un croissant, une pomme.

masculin	féminin
....	....
....	....
....	....

2 **Même consigne :** l'accident, l'année, l'abricot, l'exemple, l'usine, l'ampoule, l'erreur, l'objet.

masculin	féminin
....	....
....	....
....	....

3 **Ajoute un déterminant et classe en deux colonnes les noms suivants :**

cheval, chanson, couleur, journée, calendrier, gomme, saison, frère, film, poireau.

masculin	féminin
....	....
....	....
....	....

4 **Même consigne :** tapis, fusée, poteau, but, route, étoile, tigre, ciel, crocodile, bague.

masculin	féminin
....	....
....	....
....	....

Conjugaison

Le verbe aller au présent

je **vais** (à la pêche)	nous **allons** (au cinéma)
tu **vas** (à l'école)	vous **allez** (en vacances)
il *ou* elle **va** (à la piscine)	ils *ou* elles **vont** (au théâtre)

1 Ajoute les pronoms personnels qui manquent.

● .... allons faire des courses. ● .... vais au marché. ● .... *ou* .... vont à la foire. ● .... allez en camping. ● .... vas en classe de nature. ● .... *ou* .... va se promener.

2 Même consigne.

● .... vas faire du sport. ● .... allons dans la cour. ● .... *ou* .... va chez le coiffeur. ● .... allez chez vos cousins. ● .... vais à la chasse. ● .... *ou* .... vont à la plage.

3 Complète les phrases par le verbe aller au présent.

● Vous .... en promenade. ● Je .... chez le dentiste. ● Elles .... au bal. ● Nous .... très bien. ● Tu .... beaucoup mieux. ● Il .... chez des amis.

4 Même consigne.

● Tu .... dans la forêt. ● Ils .... se promener. ● Nous .... au musée. ● Vous .... chez vous. ● Elle .... dans sa classe. ● Je .... chez le boulanger.

5 Conjugue au présent : aller à la campagne.

6 Conjugue au présent : aller à la bibliothèque.

Vocabulaire

L'alimentation

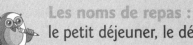

> **Les noms de repas :**
> le petit déjeuner, le déjeuner, le goûter, le dîner…

1 **Replace ces noms dans l'ordre du déroulement de la journée.**

....

....

> **Ce qui peut composer un repas :**
> du fromage, un plat, une entrée, un dessert, un potage…

2 **Replace ces noms dans l'ordre habituel.**

....

....

> **Les éléments d'un repas :** une tarte, du rôti de veau aux haricots,
> une salade de tomates, des carottes râpées, un steak-frites, du riz au lait,
> des sardines à l'huile, du poulet avec de la purée, une crème caramel…

3 **Classe les éléments du repas.**

hors-d'œuvre	plats	desserts
....	....	....
....	....	....
....	....	....
....	....	....

4 **Complète par les synonymes (des mots de sens voisin) suivants :**
souper, soupe, entremets.

● Le riz au lait est un mets sucré, c'est un .... ● Un potage aux poireaux

est aussi appelé une .... aux poireaux. ● Autrefois, pour parler du dîner,

on disait le ....

Orthographe

son, sa, ses • son et sont • ses et ces

> **Son** (le sien), **sa** (la sienne), **ses** (les siens) sont des **déterminants**.
> Ils **font partie** du groupe nominal. Ils **s'accordent** avec le nom qui suit :
>
> **son** vélo, **sa** bicyclette, **ses** jouets

1 **Remplace** *un, une* **et** *des* **par** *son, sa* **ou** *ses*.

- un canari, ...
- un camion, ...
- une balle, ...
- une roue, ...
- des foulards, ...
- des habits, ...
- des os, ...
- une lettre, ...

2 **Complète par** *son, sa* **ou** *ses*.

- .... robe ● .... nom ● .... école ● .... devoir ● .... légumes
- .... coquille ● .... mains ● .... maison.

> Il ne faut pas confondre **son (le sien)** et **sont** (verbe **être**), que l'on peut
> remplacer par **étaient**. José et **son** frère **sont** dans la cour.
> (le sien)   (étaient)

3 **Complète par** *son* **ou** *sont*.

- Alain mange .... goûter. ● Les enfants .... à l'école. ● Les vaches ....
dans le pré. ● L'avion commence .... atterrissage. ● Justine lit dans .... lit.

4 **Même consigne.**

- Les voitures .... bloquées sur la route. ● Patrick siffle .... air préféré.
- Les fleurs .... fanées. ● Christine couvre .... cahier. ● Il observe .... lapin.

> Il ne faut pas confondre **ses (les siens)**
> et **ces** (**déterminant qui sert à montrer**).
>
> Bérénice joue avec **ses** (les siennes) poupées.   Regarde **ces** voitures !

5 **Complète par** *ses* **ou** *ces*.

- Kévin a perdu .... stylos. ● .... nuages sont gris. ● Le chat étire .... pattes.
- Elle fait .... exercices. ● Regarde .... gens qui arrivent !

Grammaire

Le singulier et le pluriel

- Quand on parle d'**une seule** chose, le groupe nominal est au **singulier** :
  un journal, **ce** mur, **ma** boîte
- Quand on parle de **plusieurs choses**, le groupe nominal est au **pluriel** :
  des lunettes, **ces** poissons, **mes** rêves

1 **Classe en deux colonnes les groupes nominaux suivants :**

un papier, des souris, ma chambre, ce journal, mes idées, tes projets, sa poupée, cette journée, nos outils, ces insectes.

singulier	pluriel
....	....
....	....
....	....

2 **Même consigne.**

quelques mouches, le chapeau, plusieurs élèves, la fête, certains animaux, une craie, deux billes, un jouet, huit jours, mon ami.

singulier	pluriel
....	....
....	....
....	....

3 **Complète par un groupe nominal au singulier.**

- Je vois ....
- Je prends ....
- Tu lances ....
- Nous aimons ....
- J'entends ....
- Elle mange ....
- Elles attendent ....
- Il attrape ....

4 **Complète par un groupe nominal au pluriel.**

- Le boulanger fait ....
- Ils prennent ....
- Tu regardes ....
- Le marchand pèse ....
- Il bouscule ....
- Les lions mangent ....
- Vous visitez ....
- Je me lave ....

Conjugaison

Les verbes en -er au futur

Pour conjuguer les **verbes** en **-er** au **futur**, on ajoute les terminaisons **-ai**, **-as**, **-a**, **-ons**, **-ez**, **-ont** à l'infinitif.

je mange/**rai**	nous ferme/**rons**
tu chante/**ras**	vous laisse/**rez**
il *ou* elle regarde/**ra**	ils *ou* elles rêve/**ront**

1 **Ajoute les pronoms personnels qui manquent.**

● .... chanterez ● .... regarderai ● .... *ou* .... fermeront

● .... mangeras ● .... brosserons ● .... *ou* .... campera ● .... bouderas

● .... blesserons ● .... chanterai ● .... *ou* .... coifferont

2 **Complète les verbes au futur.**

● tu coller .... ● nous chauffer .... ● il *ou* elle casser ....

● vous chuchoter .... ● ils *ou* elles commander .... ● je conseiller ....

● nous courber .... ● vous couper .... ● je cultiver .... ● tu déboucher ....

3 **Écris les verbes au futur.**

● Il (**découper**) .... le gâteau. ● Je (**danser**) ....

avec toi. ● Les employés (**dégager**) .... la neige. ● Vous

(**annoncer**) .... la nouvelle. ● Tu (**rester**) .... ici en m'attendant.

4 **Complète le tableau.**

	dépenser	ranger	planter
je			
tu			
il *ou* elle			
nous			
vous			
ils *ou* elles			

Vocabulaire

Les animaux

Vocabulaire à connaître : un lion, un cheval, un mouton, des oiseaux, un éléphant, une girafe, un tigre, un loup, une vache, un ours, un lapin, une chèvre, un chien, un chat, une souris, un poisson, un hamster…

1 *Recopie 5 noms d'animaux domestiques (que les gens élèvent pour qu'ils leur tiennent compagnie).*

....

2 *Recopie 6 noms d'animaux sauvages (qui, en général, vivent en liberté).*

....

3 *Recopie 6 noms d'animaux herbivores (qui ne mangent que des plantes).*

....

....

4 *Recopie 4 noms d'animaux carnivores (qui se nourrissent de viande).*

....

5 *Complète par les mots suivants :* poussin, chiot, chaton, poulain, veau.

- Le petit du cheval s'appelle le .... • Celui du chat s'appelle
le .... • Celui de la vache, le .... • Celui du chien,
le .... • Celui de la poule, le ....

6 *Trouve les noms correspondant aux verbes.*

siffler → le sifflement

- grogner : le ....   • miauler : le ....
- ronronner : le ....   • bêler : le ....

7 *Complète les comparaisons avec* lièvre, poisson, cochon, âne.

- Sale comme un ....   • Bête comme un ....
- Courir comme un ....   • Nager comme un ....

Orthographe

Le féminin des noms

En général, pour mettre un nom masculin au **féminin**, on ajoute un **e** :
le cousin → la cousine

1 *Écris les noms au féminin.*

- un inconnu, une ....
- un ami, une ....
- un avocat, une ....
- un absent, une ....
- un invité, une ....
- un étudiant, une ....

Certains noms **masculins se transforment** au **féminin** :
un institut**eur** → une institut**rice**... un coiff**eur** → une coiff**euse**...
un coutur**ier** → une coutur**ière**...

2 *Écris les noms au féminin en utilisant* -euse, -ière *ou* -trice.

- un ouvrier, une ....
- un danseur, une ....
- un acteur, une ....
- un pâtissier, une ....
- un épicier, une ....
- un voleur, une ....
- un menteur, une ....
- un conducteur, une ....

3 *Même consigne.*

- un moniteur, une ....
- un chanteur, une ....
- un vendeur, une ....
- un nageur, une ....
- un romancier, une ....
- un directeur, une ....

D'autres noms **changent complètement** au **féminin** :
un coq → une poule   un garçon → une fille ...

4 *Trouve le féminin des noms suivants :*

- un roi, une ....
- mon frère, ma ....
- mon père, ma ....
- mon oncle, ma ....
- un homme, une ....
- un monsieur, une ....

45

Grammaire

L'accord du sujet et du verbe (1)

> **Le groupe sujet commande le verbe.**
> - Si le **sujet** est au **singulier,** le **verbe** est au **singulier.**
>   **La** poule *(sing.)* pico**re** *(sing.)* le grain.
>
> - Si le **sujet** est au **pluriel,** le **verbe** est au **pluriel.**
>   **Les** poules *(plur.)* pico**rent** *(plur.)* le grain.

1 *Précise si les groupes sujets soulignés sont au singulier (sing.) ou au pluriel (plur.).*

Le ballon de François (.............) est tout neuf. Le printemps (.............) revient.

Les arbres de la forêt (.............) repoussent. Un grand cygne blanc (.............) nage

sur le lac. Les pingouins (.............) vivent dans les pays froids.

2 *Récris chaque groupe sujet en face du verbe correspondant.*

Le gardien du zoo	.... habitent dans des igloos.
Les lapins	.... aiment les carottes.
Les Esquimaux	.... nourrit les fauves.
Le rossignol	.... fait des provisions de noisettes.
L'écureuil	.... chante une jolie mélodie.

3 *Mets les groupes sujets au pluriel et accorde les verbes.*

- Le petit chien joue sur le tapis : ....
- L'araignée tisse une toile : ....
- La reine habite un merveilleux palais : ....

....

4 *Même consigne en mettant les groupes sujets au singulier.*

- Les éléphants se baignent : ....
- Les personnages parlent : ....
- Les abeilles butinent les fleurs : ....

Conjugaison

Les verbes avoir et être au futur

AVOIR	j'aurai	nous aurons
	tu auras	vous aurez
	il *ou* elle aura	ils *ou* elles auront

1 *Ajoute les pronoms personnels qui manquent.*

● Demain, ... auras sept ans. ● .... *ou* .... auront un nouveau maître.

● .... aurez bientôt de mes nouvelles. ● J'espère que .... aurons beau temps.

● .... aurai mon vélo dimanche. ● .... *ou* .... aura

une agréable surprise à son réveil.

2 *Complète les phrases par le verbe* avoir *au futur.*

● Est-ce que tu .... assez chaud avec cette couverture ? ● Vous ....

du temps pour faire ce travail. ● Ils *ou* elles .... des vacances de rêve.

● La semaine prochaine, j'..................... mon ordinateur. ● Il *ou* elle ....

quelque chose à te dire. ● L'année prochaine, nous .... une classe neuve.

ÊTRE	je serai	nous serons
	tu sera	vous serez
	il *ou* elle sera	ils *ou* elles seront

3 *Ajoute les pronoms personnels qui manquent.*

● .... serez surprises en apprenant la nouvelle. ● .... serai bientôt seul à la

maison ● .... *ou* .... seront huit à mon anniversaire. ● J'espère que demain

.... seras à l'heure. ● .... serons ravis de t'accueillir. ● Ce soir, ... *ou*

.... sera à la fête.

4 *Complète les phrases par le verbe* être *au futur.*

● Ils .... sur le stade demain. ● Vous .... trop nombreux dans

l'équipe. ● Je .... heureux de te recevoir. ● Nous .... à l'heure.

● Tu .... content de cette sortie. ● Elle .... étonnée si tu lui en parles.

Vocabulaire

Les fleurs et les plantes

> **Vocabulaire à connaître :** des rosiers, de l'herbe, des coquelicots, des tulipes, des géraniums, des boutons d'or, des œillets, de la mousse…

1 **Recopie 4 noms de fleurs cultivées (que l'on fait pousser dans un jardin ou dans des pots).**

....

2 **Recopie 4 noms de fleurs ou de plantes sauvages (qui poussent dans la nature).**

....

3 **Complète avec les verbes** *poussent*, *germent*, *arrose*, *ratisse*, *sème*.

Le jardinier .... des graines. Ensuite, avec son râteau, il égalise la terre,

il .... Quelques jours après, les graines .... , puis de petites

tiges .... Quand le sol est sec, le jardinier ....

4 **Complète avec les mots de la même famille :** *planter*, *plantation*, *plant*, *plantoir*, *planteur*.

Un .... est une jeune plante. Mettre une plante dans la terre, c'est

la .... On utilise un instrument qui s'appelle un ....

Une palmeraie est une .... de palmiers. Celui qui s'en occupe

est un ....

5 **Complète le tableau en plaçant devant chaque verbe** *dé-* **(qui indique le contraire) ou** *re-* **(qui signifie : encore).**

	dé-	re-
planter	déplanter	replanter
faire	....	....
former	....	....
monter	....	....
gonfler	....	....

Orthographe

Le féminin des adjectifs

> Pour mettre un adjectif au **féminin**, on ajoute généralement un **e** :
> grand → grand**e**…

1 *Écris les adjectifs au féminin.*

- poli, ... • petit, ... • méchant, ... • dur, ...
- joli, ... • mûr, ... • gai, ... • chaud, ...

2 *Même consigne.*

- clair, ... • sucré, ... • bleu, ... • froid, ...
- noir, ... • carré, ... • vert, ... • haut, ...

> • Certains adjectifs **doublent leur consonne finale** au **féminin** :
> bon → bon**ne**…
>
> • D'autres adjectifs qui se terminent par **-eux** ou par **-eur**
> se transforment en **-euse** :
> heur**eux** → heur**euse**…   ment**eur** → ment**euse**…

3 *Écris les adjectifs au féminin.*

- gros, ... • joueur, ... • dangereux, ...
- peureux, ... • moqueur, ...

4 *Même consigne.*

- ancien, ... • flatteur, ... • soigneux, ...
- rêveur, ... • précieux, ...

> Certains adjectifs **ne changent pas** au féminin, d'autres **se transforment**
> **complètement** : jaune → jaune   nouveau → nouvelle …

5 *Écris les adjectifs au féminin.*

- riche, ... • agréable, ... • beau, ...
- libre, ... • vieux, ... • fidèle, ...
- honnête, ... • sauvage, ...

Grammaire

L'accord du sujet et du verbe (2)

Quand il y a **plusieurs sujets**, le verbe est au **pluriel**.
Nathalie et son ami travaill**ent** dans la classe.

 1 Accorde les verbes avec leurs groupes sujets.

● Des moineaux et des hirondelles vol............ dans le ciel. ● Les élèves et leurs professeurs part............ en promenade. ● Isabelle et Larissa saut............ à la corde. ● Le boucher et le boulanger ouvr............ leurs magasins. ● Le vent et la pluie rend............ la circulation difficile.

je (moi) + d'autres personnes = nous → Maman et moi, **nous** déjeunons.
tu (toi) + d'autres personnes = vous → Maman et toi, **vous** déjeunez.

2 Complète par _nous_ ou _vous_ et accorde les verbes au présent.

● Pierre et toi, ... port............ ce sac. ● Marie et moi, ... habit............ le même immeuble. ● Mes frères et moi, ... fais............ de la natation. ● Tes camarades et toi, ... rang............ la pièce avant d'aller goûter. ● Le chef de la bande et moi, ... attend............ le signal convenu.

Quand il y a **plusieurs verbes** pour le **même sujet**, **tous les verbes s'accordent avec ce sujet**.
Le nouvel élève écoute et travaille sérieusement.

3 Accorde les verbes avec leur sujet.

● Le serveur apport............ ce qu'on lui a réclamé et le donn............ au client. ● Zoé regard............ la télé et zapp............ sans arrêt avec la télécommande. ● Papa et moi prépar............ la table et plaç............ les couverts. ● Les fenêtres rouillées pend............ dans le vide et grinc............ sans arrêt.

4 Même consigne.

● J'observ............ la lune et la trouv............ triste. ● La petite fille sèch............ ses larmes et pouss............ un cri de joie. ● Les mouches vol............ et tourn............ autour de la confiture. ● Les enfants hurl............ et applaudiss............ à l'arrivée des lions sur la piste.

Conjugaison

Le verbe aller au futur

j'irai	nous irons
tu iras	vous irez
ils *ou* elle ira	ils *ou* elles iront

1 **Ajoute les pronoms personnels qui manquent.**

- .... irons chez des amis. ● .... *ou* .... ira chez sa grand-mère.

- .... irai dans le jardin. ● .... *ou* .... iront au cirque.

- .... irez chez vous. ● .... iras à la mer.

2 **Complète les phrases par le verbe aller au futur.**

- Tu .... où tu veux. ● Nous .... faire un tour. ● Ils .... à bicyclette.

- J' .... chez toi. ● Vous .... travailler avec votre camarade.

- Elle .... faire quelques courses.

3 **Même consigne.**

- Le fils de mes voisins .... à la montagne. ● Nicole et Nathalie ....
à la piscine. ● Où ....-tu cet été ? ● Mon oncle et moi .... au théâtre.
- J' .... le voir demain. ● Pascal et toi .... en voiture.

4 **Conjugue au futur : aller à la fête.**

.... | ....
.... | ....
.... | ....

5 **Conjugue au futur : aller à l'école.**

.... | ....
.... | ....
.... | ....

Vocabulaire

Les villes et les villages

Vocabulaire à connaître : les citadins, une route, une ferme, la capitale, un boulevard, une avenue, un fermier, un campagnard, un arrondissement, les villageois, un chemin, la gare…

1 **Classe les mots de la liste selon qu'ils se rapportent :**

à la ville	au village
....	....
....	....
....	....

2 **Complète par les synonymes (des mots qui veulent dire un peu la même chose) de *ville* ou de *village* :**
un hameau, une agglomération, un bourg, une cité.

● On doit ralentir quand on traverse une ....

● Une .... est une grande ville.

● Un .... est un gros village.

● Des maisons regroupées à l'écart d'un village forment un ....

3 **Classe les noms suivants, de la plus grande à la plus petite agglomération :** *un village, une ville, un hameau, un bourg.*

....

4 **Complète les phrases par des mots de la même famille :**
villa, village, ville, villageois.

● Marseille est une grande .... ● Mes amis ont fait construire une

.... à la campagne. ● Elle est située dans un joli petit ....

● Les .... sont très gentils avec eux.

5 **Trouve le nom des habitants en utilisant *-ais* ou *-ois*.**
Marseille → les Marseillais, Nîmes → les Nîmois

● Lyon, ... ● Bordeaux, ...

● Nice, ... ● Grenoble, ...

Orthographe

Le pluriel des noms

> Pour mettre un nom singulier au **pluriel**, on ajoute le plus souvent un **s** :
> un enfant → des enfants…

1 *Écris les noms au pluriel.*

- un jouet, des ....
- une rivière, des ....
- un livre, des ....

- un canard, des ....
- un nuage, des ....
- une maison, des ....

2 *Même consigne.*

- une table, des ....
- une fourchette, des ....
- un chat, des ....

- un cahier, des ....
- un texte, des ....
- une chanson, des ....

> ● Les noms qui se terminent par **-au**, **-eau** ou **-eu** prennent en général un **x** au **pluriel** : un tuyau → des tuyaux…
> un chapeau → des chapeaux… un feu → des feux…
>
> ● En général, les noms qui se terminent par **-al** s'écrivent **-aux** au **pluriel** : un journal → des journaux…

3 *Écris les noms au pluriel.*

- un tableau, des ....
- un général, des ....
- un cheveu, des ....
- un noyau, des ....
- un milieu, des ....
- un signal, des ....

- un manteau, des ....
- un métal, des ....
- un poireau, des ....
- un cheval, des ....
- un marteau, des ....
- un bateau, des ....

> Les noms qui se terminent par **s**, **x** ou **z** au singulier **ne changent pas** au **pluriel** : une souris → des souris… un nez → des nez…

4 *Écris les noms au pluriel.*

- un bois, des ....
- un pas, des ....

- une voix, des ....
- une croix, des ....

- une noix, des ....
- un os, des ....

Grammaire

La ponctuation (2)

- Une phrase se termine toujours par un **point** (. ? !).
- Dans une phrase, les **virgules** permettent de **séparer des mots** ou des **groupes de mots**.

J'ai mangé un œuf, une tomate, du fromage et une pomme.

1 **Place dans les espaces, les virgules ou les points oubliés.**

Demain   quand mon père se réveillera   je préparerai son café et je le lui apporterai

Ouvre le placard   regarde en haut   prends le sel et donne-le moi   Lundi   dans l'après-midi   à Toulouse   une chienne a sauvé sa maîtresse en donnant l'alerte

2 **Même consigne.**

Ce matin   Minet est triste en se réveillant   Sa jeune maîtresse n'est pas gentille avec lui

Sans raison   elle refuse de jouer   Alors   il s'écarte d'elle et va dans la pièce voisine

Pourquoi est-elle de si mauvaise humeur

À l'écrit, pour faire parler un personnage, on utilise les **guillemets** (« »).

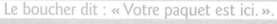
Le boucher dit : « Votre paquet est ici. ».

Ma mère m'a dit : « Ferme la porte ! ».

Madame Pichon demande : « Où est passé Mathieu ? ».

3 **Ajoute les points et les guillemets qui manquent.**

- L'éléphanteau se dit   J'aimerais me doucher
- Il demanda alors   Crois-tu que grand-père sera à la gare
- Elle s'exclama   Quelle curieuse histoire
- La sorcière s'écria   Mets l'eau à chauffer comme je te l'ai demandé
- La fillette répondit   J'ai déjà allumé le feu

4 **Ajoute la ponctuation qui manque.**

Le petit chacal   soudain seul   s'arrêta   écouta attentivement les bruits autour de lui

Au loin   dans la forêt   on entendait le vent gémir   Il eut un peu peur

et appela   Maman   où es-tu   Personne ne répondit

Conjugaison

Les verbes en -er au passé composé

Beaucoup de **verbes** terminés par **-er** se conjuguent
au passé composé comme le verbe **chanter** :

j'**ai** chanté	nous **avons** chanté
tu **as** chanté	vous **avez** chanté
il *ou* elle **a** chanté	ils *ou* elles **ont** chanté

1 *Ajoute les pronoms personnels qui manquent.*

● .... avons donné une galette à grand-mère. ● .... ai crié de joie.

● .... *ou* .... ont emporté leurs goûters. ● .... as cassé mon jeu.

● .... *ou* .... a très bien dansé. ● .... avez lavé la vaisselle.

2 *Conjugue au passé composé :* dessiner un oiseau.

.... | ....

.... | ....

.... | ....

3 *Ajoute le verbe* acheter *au passé composé.*

● Tu .... un chocolat. ● Nous .... du pain.

● Elle .... des bonbons. ● J' .... un livre.

● Ils .... une voiture. ● Vous .... des crayons.

4 *Complète le tableau.*

	balayer	porter	planter	fermer
j'				
tu				
il *ou* **elle**				
nous				
vous				
ils *ou* **elles**				

Les métiers

Vocabulaire à connaître : un agent de police, un agriculteur, une dactylo, un comptable, une infirmière, un professeur, un médecin, un vendeur, un serveur, un banquier, un boucher, un pompier, un garagiste, un architecte, une blanchisseuse, un électricien, un boulanger, un menuisier, un maçon, un jardinier, un pharmacien, un tailleur, un facteur, un plombier, un journaliste, un avocat…

1 *Choisis dans cette liste les métiers qui peuvent s'exercer dans les lieux indiqués.*

- un bureau : ....
- une école : ....
- un magasin : ....
- un garage : ....
- un hôpital : ....

2 *Relève les métiers liés au bâtiment (ceux qui concernent la construction, l'aménagement des maisons ou des bâtiments).*

....
....

3 *Place en face de chaque métier la machine utilisée :* machine à coudre, à écrire, à laver, à calculer.

- un comptable : .... ● une blanchisseuse : ...
.... ● un tailleur : ....
- une dactylo ....

4 *Quel travail font ces diverses personnes ?*

- un agent de police : ....
- un architecte : ....
- un pompier : ....
- un plombier : ....

Orthographe

L'accord de l'adjectif et du nom

- Quand le **nom** est au **pluriel**, l'**adjectif** est lui aussi au **pluriel**.
- Pour mettre un **adjectif** au **pluriel**, on ajoute le plus souvent un **s** :

  une maison agréable → des maisons agréable**s**

1 **Accorde les adjectifs au pluriel.**

- un enfant sage, des enfants .... ● un cheval noir, des chevaux ....
- un arbre résistant, des arbres .... ● une moto rapide, des motos
- .... ● un livre intéressant, des livres ....
- un roi juste, des rois .... ● un ballon rouge, des ballons ....
- un ouvrier habile, des ouvriers ....

2 **Accorde les adjectifs quand c'est nécessaire.**

- un œil bleu ..... ● des chaises confortable ..... ● la petite ..... fille ● des chiens
méchant ..... ● des avions rapide ..... ● une princesse gracieuse ..... ● des objets volant ...
- mes lapins blanc ..... ● un vase fragile ..... ● des mains sale ...

- Certains **adjectifs** prennent un **x** au **pluriel** : beau → beau**x**...
- Les adjectifs se terminant par **-al** au singulier s'écrivent
  -aux au **pluriel** : un homme matinal → des hommes matin**aux**...
- Les adjectifs masculins se terminant par **-s** ou **-x ne changent pas**
  au **pluriel** : un chien soumis → des chiens soumis...

3 **Écris les adjectifs au pluriel.**

- des vêtements (**nouveau**) .... ● des chèques (**postal**) ....
- des joueurs (**brutal**) .... ● des gens (**original**) ....
- des cadeaux (**royal**) ....

4 **Accorde les adjectifs si c'est nécessaire.**

- des classes silencieuse ..... ● des vents frais ..... ● des jeux dangereux .....
- des enfants joyeux ..... ● des tartes sucrée ..... ● des pays merveilleux .....
- des oiseaux bleu ..... ● des glissades amusante .....
- des feuilles jaune ..... ● des moteurs économique .....

Grammaire

Le groupe complément (1)

Le groupe que l'on peut placer entre **c'est … que**, **c'est … qu'**
ou **ce sont … que** s'appelle un **groupe complément**.

Je mange (**quoi ?**) une pomme. C'est **une pomme** que je mange.

1 *Transforme les phrases selon le modèle.*

Je prends un crayon. → C'est un crayon que je prends.

- La tortue mange une salade. ....
- Le médecin soigne les malades. ....
- Le pompier conduit un camion rouge. ....
- Tu apportes le ballon. ....

2 *Transforme les phrases selon le modèle.*

C'est un tableau que je regarde. → Je regarde un tableau.

- C'est une belle mélodie que chante le rossignol. ....
- C'est un trou que creuse la taupe. ....
- C'est un beau film que Nicolas a vu. ....
- C'est un cheval que regarde le petit enfant de Camargue. ....
  ....
- C'est une surprise que maman prépare. ....

3 *Même consigne.*

- C'est un magnifique paysage que je découvre. ....
- C'est une casquette que porte Paul. ....
- C'est la rivière que traverse le bateau. ....
- C'est une balle que lance Agnès. ....
- C'est un bon gâteau que nous dégustons. ....

4 *Souligne les groupes compléments.*

- Je fais un dessin. ● Le garagiste ramène la voiture. ● Nous cueillons des fleurs.
- Le maçon construit une maison. ● L'élève effectue une opération. ● Il quitte son
fauteuil. ● Il casse tous ses jouets. ● Je plante des géraniums.

Conjugaison

Les verbes avoir et être
au passé composé

AVOIR	j'ai **eu**	nous **avons eu**
	tu **as eu**	vous **avez** eu
	il *ou* elle **a** eu	ils *ou* elles **ont** eu

1 **Ajoute les pronoms personnels qui manquent.**

● .... ai eu un très beau cadeau. ● .... *ou* .... ont eu de la chance.

● .... avez eu tout votre temps. ● .... n'as pas eu ton diplôme. ● ....

avons eu des frites à midi. ● .... *ou* .... a eu la visite de son oncle.

2 **Complète les phrases par le verbe avoir au passé composé.**

● Vous .... très peur. ● J' .... le temps de faire ce dessin.

● Ils .... du mal à prévenir tout le monde. ● Tu .... une petite sœur.

● Nous .... beau temps ● Elle .... du chagrin.

ÊTRE	j'ai **été**	nous **avons été**
	tu **as été**	vous **avez** été
	il *ou* elle **a** été	ils *ou* elles **ont** été

3 **Ajoute les pronoms personnels qui manquent.**

● .... avons été contents d'apprendre la nouvelle. ● .... a été vraiment

gentille. ● .... ai été surpris par le bruit. ● .... avez été très serviables.

● .... as été fatigué. ● .... *ou* .... ont été les meilleurs.

4 **Complète les phrases par le verbe être au passé composé.**

● Vous .... les premiers à l'apprendre. ● J' .... ton meilleur ami.

● Elles .... très heureuses. ● Tu .... invité chez tes amis.

● Il .... puni. ● Nous .... surpris de le rencontrer.

5 **Conjugue au passé composé : être malade.**

.... | ....

.... | ....

.... | ....

Vocabulaire

Les transports

Vocabulaire à connaître : les transports routiers, fluviaux, maritimes, aériens, ferroviaires, un autobus, un avion, une voiture, une péniche, un hélicoptère, un train, un paquebot, un autorail, une moto, une montgolfière, un camion, un TGV, un navire…

1 **Classe quelques-uns des moyens de transport de la liste.**

transport routier	transport fluvial ou maritime	transport ferroviaire	transport aérien

2 **Complète avec les mots suivants :**
un port, une gare, un aéroport, une station.

● On prend l'avion dans .... ● On prend le train dans .... ● On prend le bateau dans ....

● On prend le bus ou le métro dans ....

3 **Complète avec les mots suivants :** *la piste, des rails, une route, un fleuve, la mer, une autoroute, le ciel.*

● Un train se déplace sur .... ● Les voitures roulent sur .... ou sur .... ● Un bateau peut naviguer sur .... ou sur .... ● Un avion décolle de .... et s'envole dans ....

4 **Complète avec les mots de la famille de** *air* :
aérer, aéroplane, aériens, aérateur.

● On appelle transports .... ceux qui utilisent le ciel. ● Autrefois, un avion s'appelait un .... ● Quand on veut changer l'air d'une pièce, il faut .... ● On peut se servir d'un ....

Orthographe

et **ou** est • on **ou** ont

>
>
> Il ne faut pas confondre **et** (**et puis**) avec **est** (**verbe être**).
>
> Mon cartable **est** jaune **et** vert.
> | |
> (était)   (et puis)

1 **Complète par** *et* **ou** *est.*

- J'ai invité Marc .... Michel. • Tu as dessiné un pêcheur .... un bateau.
- Le docteur viendra .... il t'auscultera. • Elle .... partie hier. • Mon voisin ....
absent en ce moment. • Le chemin .... inondé. • Isabelle .... dans
la cour. • Il .... huit heures. • J'irai chez le boulanger .... le boucher.
- Le nom .... l'adjectif s'accordent ensemble.

2 **Même consigne.**

- Cette autruche .... vorace. • Son ordinateur .... tout neuf. • L'enfant ....
seul à la maison. • J'ai acheté des poireaux .... des carottes. • Il a pris son
imperméable .... son parapluie. • Ce singe .... amusant. • Le perroquet ....
perché. • Elle a vu son oncle .... sa tante. • Il fait du football .... du tennis.
- Où .... ton stylo ?

> Il ne faut pas confondre **on** (**pronom personnel**) que l'on peut
> remplacer par *il* ou *elle* avec **ont** (verbe **avoir**) que l'on peut remplacer
> par *avaient*.
>
> **On** a vu les joueurs qui **ont** gagné la coupe.
> | |
> (Il *ou* Elle)   (avaient)

3 **Complète par** *on* **ou** *ont.*

- .... a mangé tout le gâteau. • Ils .... pris leurs lettres. • Que voit-.......... sur
cette image ? • Les acteurs .... bien joué. • .... sonne à la porte. • Ils .... collé
leurs images. • .... a cassé la vitre. • .... lui posera la question.
- J'espère qu'.......... a retrouvé les clés qui .... été perdues.

4 **Même consigne.**

- .... gagné la course. • .... partira bientôt. • Ces chiens .... de longues
oreilles. • .... en reparlera. • Ils .... tout nettoyé.

Grammaire

Le groupe complément (2)

Le groupe complément peut préciser le **lieu**.
On peut utiliser **c'est ... que** pour le trouver.

> Je vais (**où ?**) en Espagne. → C'est **en Espagne** que je vais.

1 **Complète les phrases par les compléments suivants :**
dans la classe, à la montagne, dans le ciel, à la piscine.

- J'irai faire du ski .... • Un avion supersonique vole

.... • Les élèves travaillent ....

- Elle apprend à nager ....

2 **Souligne les compléments qui précisent le lieu.**

- Ma grand-mère habite à la campagne. • Cet ours vit dans une grotte. • Nous avons construit une cabane dans la forêt. • Maman a rangé les bonbons dans le placard.
- Les voitures roulent sur l'autoroute.

Le groupe complément peut préciser le **temps** (**moment ou durée**).
On peut utiliser **c'est ... que** pour le trouver.

> Il est arrivé (**quand ?**) hier. → C'est **hier** qu'il est arrivé.

> Il a nagé (**quelle durée ?**) pendant deux heures à la piscine.
> → C'est **pendant deux heures** qu'il a nagé à la piscine.

3 **Complète les phrases avec les complément suivants :**
*pendant une heure et demie, au printemps, au mois de juillet,
pendant une semaine.*

- La nature renaît ....
- Il a été malade ....
- Nous avons regardé un film ....
- Nous partirons en vacances ....

4 **Souligne les compléments qui précisent le temps (moment ou durée).**

- Il a neigé toute la nuit. • Nous ferons du ski en hiver. • La circulation a été bloquée pendant une heure. • Les hirondelles partent en automne. • Autrefois, un roi vivait heureux avec sa famille.

Conjugaison

Le verbe aller au passé composé

ALLER	je **suis** allé(e)	nous **sommes** allé(e)s
	tu **es** allé(e)	vous **êtes** allé(e)s
	il *ou* elle **est** allé(e)	ils *ou* elles **sont** allé(e)s

1 **Ajoute les pronoms personnels qui manquent.**

● .... êtes allé(e)s dans la prairie. ● .... suis allé(e) chez le dentiste.

● .... est allée chez ses amis. ● .... sommes allé(e)s faire des courses.

● .... es allé(e) au cinéma. ● .... sont allés au musée.

2 **Accorde comme il faut le verbe aller.**

● Odile est allé........ à l'école. ● Alex et Alain sont allé........ chez eux. ● Les biches

sont allé........ dans la forêt. ● Les astronautes sont allé........ sur la Lune.

● La chanteuse est allé........ sur scène.

3 **Complète les phrases par le verbe aller au passé composé.**

● Moi (Nicolas), je .... chez l'épicier. ● Toi (Sylvie),

tu .... à la poste. ● Elle .... au cirque.

● Michel et moi, nous .... faire un tour. ● Solange et toi,

vous .... en vacances. ● Ils .... faire du vélo.

4 **Même consigne.**

● Moi (Julie), je .... travailler avec ma camarade.

● Toi (Victor), tu .... à Paris. ● Le chat .... sur le toit.

● Nous (les garçons) .... en promenade. ● Vous (les filles)

.... à la montagne. ● Les poissons .... au fond de la mer.

5 **Conjugue au passé composé (utilise le féminin) : aller dans l'eau.**

.... | ....

.... | ....

.... | ....

Unité **15**

mémo CHOUETTE

	Présent	Futur	Pasé composé
AVOIR **(auxiliaire)**	j'ai tu as il / elle a nous avons vous avez ils/elles ont	j'aurai tu auras il / elle aura nous aurons vous aurez ils/elles auront	j'ai eu tu as eu il / elle a eu nous avons eu vous avez eu ils/elles ont eu
ÊTRE **(auxiliaire)**	je suis tu es il / elle est nous sommes vous êtes ils/elles sont	je serai tu seras il / elle sera nous serons vous serez ils/elles seront	j'ai été tu as été il / elle a été nous avons été vous avez été ils/elles ont été
CHANTER **1er groupe**	je chante tu chantes il / elle chante nous chantons vous chantez ils/elles chantent	je chanterai tu chanteras il / elle chantera nous chanterons vous chanterez ils/elles chanteront	j'ai chanté tu as chanté il / elle a chanté nous avons chanté vous avez chanté ils/elles ont chanté
FINIR **2e groupe**	je finis tu finis il / elle finit nous finissons vous finissez ils/elles finissent	je finirai tu finiras il / elle finira nous finirons vous finirez ils/elles finiront	j'ai fini tu as fini il / elle a fini nous avons fini vous avez fini ils/elles ont fini
ALLER **3e groupe**	je vais tu vas il / elle va nous allons vous allez ils/elles vont	j'irai tu iras il / elle ira nous irons vous irez ils/elles iront	je suis allé(e) tu es allé(e) il / elle est allé(e) nous sommes allé(e)s vous êtes allé(e)s ils/elles sont allé(e)s

Imprimé en France, sur les presses de l'Imprimerie Hérissey à Évreux (27000)
Dépôt légal : 65610 - novembre 2005 - N° d'impression : 100566